現在的妳
在哪裡？、

Melody

殷悦

chapter 1

負能量，不可怕

chapter 2

擁抱不同階段的妳

chapter 3

面對生命的困境

chapter 4

找回最純粹的自己

chapter 5

About Love

偶爾，妳也可以不喜歡自己

2020 是辛苦的一年，一場疫情打亂了全世界的腳步，讓我們被焦慮、恐懼、緊張包圍，而突如其來的防疫停課、停工，讓我有更多時間和小孩相處，陪著她們念書……也花了很長時間去面對停工那陣子內心的陰影；在這階段的害怕，對於未來的期許。

疫情期間，在台灣最緊張的時候，大多數工作停擺，手邊只剩下《姐妹悄悄話》這個節目，我跟被我戲稱為「王大亨」的貞妮姐每週見面一次，天南地北什麼都聊。

我跟她互補的性格，讓彼此在 podcast 裡，和大家像姐妹淘一般互相加油打氣。隨著台灣疫情狀態比較穩定，小朋友繼續開始上課。重新復工，也有新節目、新的挑戰開啟。

這本原先在 2020 年初就要起頭的書，也轉了一個方向。在這充斥著各種轉變的一年，我有了更多新的體悟。

在上一本書《誰說一百分的妳，才是最好的自己》，我跟大家聊到了要放下「完美」這件事。這本書，延續了上一本書最後一章節「好好喜歡，現在的自己」的概念，就此延伸，跟大家分享。

我覺得「進步」是生活很重要的一個觀念，女人在二十、三十、四十時，都會有著不同的想法。

三十幾歲的我，總是想著要傳遞正能量，要大家正向過日子；但隨著人生到另個階段，以及 2020 整年在疫情中的體悟，我想跟大家說——

人生有高有低，有時候，負面一點，是沒關係的。
總是正向帶著微笑，看起來很快樂，想要帶給別人快樂，想要當大家的小太陽，最後太過疲累，是否有點傻呢？

記得之前看到一位日本女星竹內結子驟逝的消息，大家都說她是個溫暖善良的女明星，給大家帶來很多正能量；可新聞卻說，她在螢幕前很開朗，私底下卻很壓抑，不開心時，是咬著毛巾尖叫。看了讓我好心疼。

我們何不練習，把不開心釋放出來。我們何不接受，有時候我們就是會「不喜歡自己」，覺得自己有點不太好。

每一天，我們都要去練習認知自己的情緒、明白自己能力所及，不需要讓自己一定要「討人喜歡」或「被自己喜歡」，不要一直強迫自己說：「I can do it！」

有時候，我們就是會疲累，就是會辦不到，就是會想說不，這樣何嘗不可呢？有時候，我們的確會很迷惘，想著「現在的自己，在哪裡……」但又有什麼關係？

我們不需要永遠一百分，永遠正能量，永遠都想要面面俱到。

接受自己的歡喜悲傷，接受自己的優缺點，在人生的下一階段
裡面對轉變。不要勉強自己變成別人，善用自己的技能，有著
屬於自己的 power，是我在這本書想講的內容。

雖然我常說，人生就是一個蘿蔔一個坑，但就算我們是個蘿
蔔，也要當彩色的蘿蔔，讓自己的人生豐富、精彩、漂亮，隨
著不同的時光有著不同的變化。

從第一本書承認自己是控制狂，到告訴大家覺得迷糊也沒關
係，學會放鬆不要求事事完美，到現在，去體會到，每個人在
這世界上，都有屬於自己的「原廠設定」，我們要怎麼認知不
同階段的自己，準備好給自己下一階段的禮物。

我想，這就是我這本書想講的。

疫情承載了很多悲傷、恐懼、失去，在那不安之中，我們也更學會珍惜，更去看待好的一面，接受壞的地方。

希望這本書，會讓妳們更接受自己，去理解自己和他人不同沒什麼不好，去找到自己擅長的地方，以及擁抱自己那些以往覺得總做不好的地方。

去勇敢面對自己想要做的事情，即便別人說，「欸，這不像妳想做的事情耶！」

就像，我去主持談話性節目消息剛出來時，有些不熟的朋友說，「Mel 這不像妳，妳不是應該都美美的聊時尚嗎？」我會笑著跟他們說，「不會啊，我很喜歡，很期待跟不同的搭擋有不同的火花。」

因為，我知道那是我想要的，我想要做什麼，比別人認為我要
做什麼，來得重要。

女人的一生，隨時都在成長轉變，從初經開始、戀愛、工作、
或結婚生子，我們的生活不會停止給我們新的課題或轉變，不
管是自身、大環境，或周遭的人。

我們能做的，就是隨著各種變化站穩腳步，誠實地面對自己。
低潮時就允許自己沮喪，開心時就好好擁抱這世界，以及，好
好地喜歡自己。

妳們準備好，面對下個階段的自己了嗎？

無論現在的妳在哪裡，是迷惘、是堅定、是懷疑，或者是想找
到新方向，我們都能找到適合自己的順勢與自在。

負能量　　不可怕

我不想那麼努力了

大家都知道，我是個十分努力的人，不管遇到任何事，常對自己加油打氣說：「I can do it！I can do it！」完全是人定勝天的實踐者。也因如此，當年新婚求子路上，才會那麼沮喪、那麼挫敗。畢竟，我們土象星座就是實踐者。

不過，到了這個階段，我卻有了另個想法。為什麼，我們不能偶爾對自己說「我不想那麼努力了」？我不想那麼努力了，這句話或許聽來很負面。可這難道不是給自己一個喘息的空間嗎？

因為每個人都有自己的原廠設定，適合自己的樣子，自己擅長的事物。

像幾年前，當大家都瘋健身、迷肌肉、練川字肌、蜜大腿時，我也曾想挑戰。當時一週運動好多天，可別人說的那種暢快過癮，我卻享受不到，甚至覺得身體在反抗。

後來，我漸漸找到適合自己的體適能運動，在適當的模式中調整身體，甚至飲食習慣，我發現身體的感覺不太一樣，我才理解了「順勢」的道理。

除了健康之外，工作也是。

我身邊有許多朋友都是投資能手，不但能兼顧工作，也把自己的副業股票經營得有聲有色，早上起床看盤，評估形勢，他們都跟我說用功就會有成，但幾次下來，我就發現那不適合我，保守型的基金，比較符合我的要求。

反觀我那些朋友們，也常說，看到我可以在 podcast、在電視節目上侃侃而談，遇到不同的意見都能開放討論、對各種題材都很好奇，對他們來說，也很難。

是啊，我們都有屬於自己的樣子，可我們成長過程中，常常被教育──只要努力，我們就可以變成某種樣子。

身邊一定曾遇過這樣的女孩吧！長得很漂亮、又討人喜歡，可是，即便她有一百種優點，當她想要愛她的人說她

哪不好，她就努力地改變自己，想配合對方，到最後，自己一點都不開心，而那個她渴望的人，還是不愛她。

　這是我覺得最不捨的地方，一個人不愛妳，從來不代表妳不好，只是你們沒有那個緣份，或是不適合。在這樣的狀況下，去坦然接受，去尋找屬於自己的幸福，才是最好的方式，只是人們常常被「努力」困住了。

　只要我努力他就會愛我，只要我改，事情肯定不一樣……但不是的，很多時候，放手才能有，很多時候，妳愛的人不愛妳，不是光靠努力就有用，而且，也不是因為他不愛妳，妳就是不好。

　因此當我在說妳可以不用那麼努力時，不是說要放棄自己，而是在提醒大家，不要忘了自己與生俱來的價值。

　每個人都有屬於自己的長處，也有那些怎麼也改不了的缺點，這沒什麼，每個人都是。

　以前我也曾經很追求完美，想要追求完美的形象，可那是

不存在的。在我們的成長過程中，一定有許多好與不好。

我們要去寬恕那些不好的，去接納自己。去理解，經歷造就今天的妳，個性也造就今天的妳。而這些經歷與個性，也會隨著時間的不同改變。

這些東西會變得有意思的價值，就在於最後我們明白了，成就自己的最大收穫，不是賺了多少錢、坐到什麼位置。成就自己最大的收穫，是在這些過程中，妳學到了什麼，本分有沒有做好；在人生旅途中，體驗了什麼。

只是，我們常被「完美」跟「努力」困住，因為想要更多，覺得自己做得不夠好，反而陷入「羨慕」跟「比較」的迷思。忘記去看自己擁有了什麼，甚至忽略了自己的好，只記得自己失敗的地方、被心魔影響，換來滿滿的沮喪。

不要比較、不要羨慕，人生到了一個年齡，會是怎樣就是怎樣，而且無論事情跟妳當時想像的差別有多大，妳的心態，往往會決定妳人生的狀態。

如果只是忙於包裝自己，最後，反而會陷入迷失的死胡同。如果坦然去接受，世界就是這樣啊，人生總是會搭配一些事與願違，順勢而去，不要害怕面對心裡的不開心，試著跟心中的惡魔共處、試著先去接納再一笑置之，那麼，生活會舒適很多。

　　覺得累，就放鬆吧！覺得努力到了瓶頸真的不行，那就不努力有什麼關係呢？人生不可能永遠一成不變，太複雜的事情如果強求來也不會是妳的。

　　當妳接受了，也跟這個自己並存的時候，妳就會發現妳會放掉很多，以前給自己設定的包袱，不再是妳的重擔累贅；當妳放掉那些不快樂，才有空間去迎接更多新的可能，變得更輕盈。

　　每個人都有屬於自己的價值，當妳理解了自己的價值後，妳會漸漸發現，不太一樣了。而那些不太一樣，是以往困在失敗跟不夠努力的魔咒中，從沒有想過的風景。

　　我婆婆曾經說了一句話很有意思，她說：「人要去找錢很

難，錢要來找你比較簡單。」意思就是說，當妳沒有能力時，要去找附加的價值，會非常困難，沒有人肯定妳。但當妳自己的身上，已經有了價值時，就容易有人會來挖掘妳、投資妳。

這個觀念在商場上很實用，在生活中也相同、情感關係中亦然。

只要扮演好妳的角色，別人就會尊重妳、想到妳。只要站穩妳的位置，妳就更能過著妳想要的生活。只要妳好好照顧自己、愛惜自己，那麼，愛妳的人相對會更尊重妳，不需要妳苦苦喊愛。

而這些，其實是奠定於妳的生活原則，以及妳珍惜並理解，生活所擁有的，就算再小的事情，都得來不易。

我們可以順勢，但也要當個有原則的人。

順著人生的波流走，可推到更寬廣的地方。可順流不是隨波逐流，腰可以彎，但不能屈服他人。把握人生波流上的

任何機會，可以隨和，但不要委屈自己。

　　就像，我們都知道，所擁有的一切是因為付出得來，從來不是偶然，只是喜歡說「我幸運」，去感謝、感念所有。

　　就像，我們說著，不想努力了，是成人的釋懷，我們知道，世上沒有那麼多輸贏，放棄不代表是認輸，而是明白了找到適合自己的生活方式，才是大智慧。

我是媽媽，我也會犯錯

　　還記得在之前的書裡我曾經提到過，每個人都要有被討厭的勇氣，畢竟我們不可能讓所有人都滿意，如果總是想討好別人，最後只會累死自己。可是，這幾年隨著孩子年紀慢慢變大，我常常在想，身為母親的我們，有沒有對自己承認錯誤的勇氣？

　　我指的錯並不是說妳今天比較忙所以脾氣特別差，或者答應了孩子要買禮物卻忘記了這樣的生活瑣事，而是更大方向的教育方針。我發現身為一個媽媽，總是會在不經意之間，把孩子視為自己的延續，於是在教養孩子時，很容易有一種心態，就是不想孩子走妳走過的老路、不想孩子吃妳吃過的虧，因為妳知道那有多痛苦，當然希望孩子不要重蹈覆轍。比如說，如果妳自己在工作上經常吃學歷不足的虧，就會忍不住緊盯著孩子的成績和功課，希望孩子將來能比妳強、比妳有能力。

　　可是即便在妳的努力之下，孩子有了很好的學歷，就能保

證他的未來一定是幸福的嗎？

身為父母，我們當然想把自己知道的一切都傳授給孩子，但是我們的智慧，都來自於我們的經歷。換句話說，即使我們是個大人，也不是無所不知的，因為沒經歷過的事，我們其實也不懂。

我們希望孩子不要走我們走過的老路，是因為我們知道這條路上有多少坑洞，但當妳努力推著孩子往另一條路走時，又怎知另一條路就沒有陷阱呢？而如果孩子在另一條路上，遭遇了妳從沒遇過的問題，那時妳又該怎麼辦？

所以身為母親，要做的從來不是阻止孩子跌倒，而是教會孩子站起來的勇氣。可是這樣的道理說來容易，卻很難做到，因為我們都害怕在「媽媽」的角色上犯錯。

就像我有個朋友 W 的女兒，最近進入了青春期。說實話，孩子在每個不同的年紀，爸媽都有不同的煩惱，但十四、五歲半大不小的年紀，最讓爸媽覺得困難了，畢竟嬰兒時期的孩子，只要吃飽睡好、每天觀察嬰兒的喝奶量、便便

顏色形狀就好，雖然很疲累，但卻是對錯分明十分單純；可孩子一旦到了青春期，介於孩子和成人之間，真的讓做父母的人覺得不放手不行、放太鬆也不行，就像 W 的女兒，已經進入了會參加社團、有許多朋友的年紀。要知道學校就像個小型的社會，那些人際關係的道理和眉角，其實和我們的成人世界是一樣的，而 W 身為一個事業成功的女強人，在社會上打滾多年，對於孩子和孩子之間那些小心機，根本一眼就能看穿，於是她總忍不住對女兒耳提面命，恨不得把自己一身的本領和經驗統統教給女兒。

當然，旁人都會勸她，孩子必須要自己跌倒過才會知道痛，這些道理 W 當然也知道，可是她卻告訴我，她很怕女兒將來會怪她，她怕女兒將來受傷時會心想「這些道理當初媽媽為何沒告訴我」、她怕女兒將來比不過別人時會心想「小時候媽媽為何沒有好好栽培我」，所以 W 總是不斷地叮嚀、不斷地提醒，明知道女兒不一定能接受、也不一定能聽懂，但她寧可多做，也不肯少做。

同樣身為母親，其實我很能理解 W 的心情，就像我現在看著我的兩個女兒，有時候，我好希望她們趕快長大，這

樣她們才能夠聽得懂我想告訴她們的道理，而我也能把自己的人生經驗統統告訴她們；但有的時候，我又希望她們不要長大，最好永遠都小小的，這樣我就能永遠照顧著她們、保護著她們。而當她們現在卡在半大不小的過渡時期，我經常很疑惑，不知道用什麼樣的方式教育她們比較好，把她們當小孩哄已經行不通、把她們當大人教，她們對許多事又是一知半解，所以我總是用力地回想著自己十歲的時候，想弄清這個時期的孩子需要的到底是什麼。可是那對我來說，畢竟已經是三十年前的事情啊！更何況時代變化得這麼快，現代的小孩跟以前的小孩，接觸的、想的，都完全不是同一回事。

　　幸好，現在的資訊發達，有許多專業人士寫的教養書籍可以參考，我的意思不是說要完全地照書教，畢竟每個孩子都不一樣，而是要多看看別人的經驗和想法，才能有更寬廣的看法和選擇。前一陣子我在看一本叫做 *The Feelings Book: The Care & Keeping of Your Emotions* 的書，這其實是一本給孩子看的童書，書裡講的是教孩子面對各種不同的情緒和感受。可有趣的是，這明明是一本給兒童看的童書，但已經四十歲的我，竟然也覺得好有啟發啊！那時我突然發

現，自己對於扮演母親這個角色，其實也有好多的情緒：我也會害怕、也會恐懼、也會疑惑，老是在孩子面前扮演無所不知的大人角色的我，其實內心裡依舊是惶恐不安的。

我們常常在教育孩子「人生不可能什麼事都完美」、教育孩子「犯錯沒關係只要改正就好」，可是身為母親的我們，是否忘了身體力行呢？我們不可能成為完美的母親、我們在教養孩子的路上也會犯錯，我們不是聖人，不可能無所不知、更不可能未卜先知，如果只是一味的害怕而不敢放手，在我們不放過自己的同時，其實也不放過孩子。畢竟身教大於言教，那些我們反覆言說的道理，對孩子而言，可能聽過就像耳邊風般地就忘了，她們真正會深深記住的，是我們遭遇問題時的表情、我們處理問題時的態度，因為我們的焦慮孩子都看在眼裡。

當媽媽從來不是一件容易的事。回想起當年我自己當孩子時，也常常耍叛逆、常常生媽媽的氣、覺得媽媽不了解我，直到現在我自己也有了孩子，才能體會當年媽媽的辛苦和為難。我想，即使我們再努力，也不可能當一個百分之百的完美媽媽，不是因為我們做得不夠，而是世界上本來就

沒有完美的人，與其害怕的逼死自己，倒不如放開心胸，和孩子一起成長，尤其最重要的，是要耐心地傾聽孩子說什麼，畢竟了解孩子是「媽媽」這個角色裡最重要的工作。

　　唯有真正了解我們的孩子，我們才可以知道他們真正需要的是什麼，畢竟孩子從我們的肚子出生後，就是獨立的個體，即使他長得再像妳，終究也不是小一號的妳，而是他自己。

讓孩子擁抱自己的情緒

大家應該都有這個經驗，在公共場合看到孩子吵鬧時，會皺起眉來，想說「這孩子怎麼這樣」？或者是看到一些媽咪在網路上分享小孩調皮的故事時，就會有一些人開始給「建議」，說小孩要乖啊，小孩要教啊，小孩不能怎樣。

只是，小孩真的要乖才是好孩子嗎？小孩，真的就是要功課好、情商高，才會是好孩子嗎？

身為父母的我們，難道就沒有情緒失控過，或者講錯話、做錯事嗎？我想，都有吧！雖然犯錯時會懊惱，雖然會想要自己是個理性又有智慧的人，不過，還是偶爾會不小心犯錯。

只是我們常忘了，最後只會把重心放在希望小孩成績好、表現佳，好像只要成績單漂亮，就不用憂心了。

我們都害怕孩子輸在起跑點，所以拚命地在後頭 push 孩

子前進，而最簡單的方式，常常就是塞滿了各種才藝課程或補習。卻忘了，除了名列前茅的好成績、進入百大學校，更重要的是要引導孩子了解自己、認識自己的情緒，而我在這些過程中，也意外的，去更深一層地認識自己。

像是家裡有兩個孩子以上的媽媽，一定會遇到孩子們爭吵的情況。這時妳們會選擇怎麼處理呢？是要求大的要讓小的？要求小的要尊重大的？還是兩個統統罵一頓，灌輸他們「兄弟姊妹要友愛」的觀念？

我的做法通常是在一旁觀察，先讓她們自己去協調，大部分時候，她們自己吵完後沒幾分鐘就又玩在一起了；但也有少部分時候，兩個會越吵越生氣，而兩個充滿了憤怒等情緒的小女生，就像是兩顆越灌越飽的氣球，都處於一碰就要爆發的狀態。

這時，年紀比較大的姊姊，自然有她發洩情緒的方法，但是年紀比較小的妹妹，就會像隻氣鼓鼓的河豚，雖然小女生不至於真的打起來，但總還是會有些肢體碰觸，而我就會在這時介入，並且把妹妹帶開。

帶開並不是為了罵她，而是我會告訴她，我知道她很憤怒，不發洩出來覺得很難受，但是我們可以選擇對自己、對別人都比較安全的發洩方式，比如她可以去旁邊玩丟球、甚至拿一些廢紙出來撕，把情緒發洩出來後，才能好好地處理衝突——我知道這聽起來好像有點奇怪，畢竟一個孩子氣沖沖，甚至咬牙切齒地在那裡亂撕廢紙，每個大人下意識的反應都會很想對孩子說「這樣不行」。可仔細想想，為什麼不行呢？大人在心情不好的時候，可以選擇去 SPA、去按摩，或者去 shopping，那小孩子不開心時要怎麼辦呢？

　　在教育這件事情上，東、西方有很多不同的觀念，但我一直覺得，東方的教育有一件最讓我覺得不一樣的地方，就是我們總在有意無意之間，強迫孩子壓抑自己的情緒。

　　比如說，孩子在路上走累了，或者看到心愛的玩具卻不能買，心裡充滿了失望的情緒，大哭大鬧是常有的事。可是我發現，東方人的教育常常是用許多條條框框去壓小孩，像是對小孩說「你怎麼可以這麼沒禮貌」、「對媽媽講話怎麼可以這麼兇」，甚至威脅小孩「再這樣下次不帶你出來了」。表面上看起來，我們似乎在教育孩子有教養、在

教育孩子有規矩，卻忘記去理解當時他們為什麼這麼做、去接納他們當下的不開心，只忙著在意外人的眼光。用壓抑去克制他們，時間久了，反而讓孩子也不太願意說出自己內心的想法。

接納，往往是孩子感到被愛很重要的一堂課，我們確實常忘了。

不是說小孩子哭鬧的時候父母就要無條件地滿足他們，而是我們要知道，只要是個人，就會有情緒，這是正常的，我們真正要學習的，是如何處理自己的情緒，而不是壓抑或假裝自己沒有情緒。就像我曾經看過一段影片，是一個西方的媽媽帶著兒子在大賣場買東西，而孩子不知為何哭鬧了起來，引得所有人都在看，而媽媽只是把孩子帶到不會打擾人的角落，很冷靜地對孩子說：「OK，我知道你不開心，那你哭完我們再來談。」然後，媽媽就站在一旁，任由孩子哭鬧，直到三分鐘後，孩子止住了啼哭，主動走到了媽媽的身邊，這時媽媽才開始詢問他，剛剛又哭又鬧時心裡在想什麼，而現在冷靜下來了，是不是可以一起找出解決的方式。

我明白，孩子在公眾場合哭鬧時，身為父母的我們都會有壓力，我也曾經歷過。可是仔細想想，我們的壓力是什麼呢？是覺得丟臉，還是害怕別人覺得妳不會教小孩？

而這種擔心、恐懼，甚至挫折，不也是一種情緒嗎？我們這一代，多數在長輩的高壓教育下長大，從來也沒人教過我們如何面對自己的情緒。不是說我們父母不好，是當時社會經濟在成長，父母在拚事業的狀況下，情緒的確是會被放在比較後面。但現在時代已經不同，心靈富足跟事業成就都很重要，甚至心靈上的健康與富足，往往對成長來說，是很好的。

教育孩子最重要的是什麼呢？

坦白說，以前的我也覺得文憑很重要、技能很重要，畢竟我們不可能養孩子一輩子，而那些都是以後孩子謀生的重要工具，而好的學歷，至少能讓孩子維持在一個基本的起跑點上。

可是後來我經常看到許多學歷很棒、工作也很好的人，過

得一點也不快樂，仔細觀察之後，就發現他們都有一個共通之處，就是「缺乏察覺自己情緒的能力」。明明做得很累很倦了，但卻硬是ㄍㄧㄥ著、不讓自己休息，或者明明很生氣、很委屈，卻硬逼自己忍耐，最後只會逼死自己。

望子成龍、望女成鳳，是所有父母都不能免俗的心願，所以我們難免都會在孩子偷懶或懈怠時，推他們一把，卻忘了這些期望會給孩子帶來多大的壓力。當然，我也承認壓力可以使人成長，可是，別忘了引導孩子如何洩壓、如何放鬆，畢竟人就像彈簧一樣，偶爾壓緊，或許能彈得更高，但經常如此，終究會彈性疲乏的。

比起用功念書，考上最棒的學校，我更希望我的孩子能有擁抱自己情緒的能力。她們考上哈佛，變成學霸，身為母親固然會很驕傲，但我更希望她們快樂，無論做什麼行業，成為什麼樣的人，只要她們能夠永遠能好好表達自己的情緒，不要過分壓抑好強，甚至懂得示弱，我覺得，那會是更無價的禮物。

最後，我想跟所有女生說，擁抱情緒沒什麼不好，這個社

會太常教導我們，女生要溫柔、不要發脾氣，遇到壞情緒是不對的。

But, no！誰說我們沒有權利不開心，我們要記得權利在自己。女人要記得自主能力的價值。待人溫柔是妳的選擇，不是應該，也不是理所當然。

女人，是水做的

　　我的朋友Ｃ是個非常堅強的女強人，處理公事時，她冷靜果斷、敢拚敢衝，而處理私事時，也從不拖泥帶水。可有次她卻跟我說，有天她喝得很醉，最後是被一陣哭著叫她，很難過的聲音吵醒的，醒來之後，她發現自己淚流滿面，才突然明白，剛剛哭著喊難過的，就是她自己！

　　「妳知道我有幾年沒哭過了嗎？」Ｃ非常錯愕地對我說：「更何況還是大哭，我都不知道自己原來對這件事，還是過不去！」

　　原來，Ｃ在半年前離婚了，她跟先生當時的狀況已經相敬如「冰」，各過各很久了，離婚當天，Ｃ還請了朋友們一起出來慶祝，我們都一直以為她解脫了，很開心。

　　不過，Ｃ說，再怎麼難堪，畢竟也曾經相愛過幾年，無論如何，跟曾經相愛過的人分開，都是令人心痛的事。可或許是因為Ｃ已經冷靜慣了吧，有條不紊地處理完所有事情

後，Ｃ還是如常地繼續生活，如果不是因為喝醉了，連她自己都不知道，原來在內心深處，這件事帶給她的打擊會這麼大。

有時想想，身為成年人的我們，都已經學會控制自己的情緒了，畢竟地球不會因為我們的難過悲傷而停止轉動，孩子還是要吃飯上學、工作還是要如期完成，這些事都不會因為我們情緒不好就可以不用做，更何況，如果放任情緒氾濫而導致事情沒有做完，最後收拾殘局的還是自己。

可是壓抑著、壓抑著，我們是不是忘了，自己也有軟弱的一面？

有句話說「女人是水做的」，可有趣的是，我認識的女性友人裡，很多人都說自己非常多年沒有哭過了。當然，看電影或戲劇感動時的鼻頭發酸是有的，可是，我們再也不會為了自己的挫折或悲傷而落淚，尤其是職業婦女，更得把自己的情緒藏好，畢竟女人在職場上想要獲得別人的敬重是非常不容易的一件事，如果妳常生氣，有可能被說是情緒化，如果妳落淚哭泣，又有可能被說是太敏感、個性

軟弱，於是乎我們總要努力地讓自己看起來像是泰山崩於
前而面不改色的冷靜。

但仔細想想，哭泣和解決問題，並沒有那麼衝突啊！

前一陣子，我才大哭了一場，是那種哭到眼淚鼻涕都流下
來、還會抽搐到喘不上氣的程度，因為我家的狗狗 Cocoa，
意外經歷了一場非常驚險的生死關頭。

那天我正在切蘋果，手一滑，刀子不小心割傷了手，一
塊蘋果就掉到了地上。正要蹲下去撿時，而小小隻的 Cocoa
抓到機會立刻衝過來叼走了蘋果，還躲到了櫃子底下。當
下也顧不得手傷馬上衝過去找牠，等到終於把牠從櫃子底
下撈出來時，牠已經一口把蘋果吞下去了，而且張大了嘴
像是喘不過氣的樣子，從喉嚨一直發出奇怪的聲音。

那時我覺得自己的心臟都要從嘴裡跳出來了，要知道牠只
是一隻小小的狗啊！我立刻帶著牠出門衝到最近的醫院，
醫生出來一看，就很嚴肅地跟我說，約克夏的體型太小了，
他只能先看看蘋果是否剛好卡在肉眼就看得到的地方，如

果不行的話,他這邊無法處理,要馬上轉診到有內視鏡儀器的醫院去。

而果然,蘋果已經被 Cocoa 整個吞下去了,於是我又匆匆忙忙地抱起狗趕往下一間醫院。而在這個過程中,Cocoa 的舌頭越來越紫、動靜越來越大,緊張兮兮的我都覺得牠開始翻白眼了,好不容易到了下一間醫院,醫生緊急地拿出一張麻醉同意書來叫我簽,並且告訴我這可能是有生命危險的,而就在這時,Cocoa 開始口吐白沫,醫生匆匆忙忙地把狗推進手術室,我看著手術室的門在我面前關上,覺得自己也快喘不過氣了!

我又自責又難過,氣自己為何不能動作更快一點,又很無助地想該怎麼辦?我為什麼這麼不小心?萬一 Cocoa 撐不過去,我豈不是害了牠?而且,隔天是我小女兒的生日,Cocoa 是我女兒最心愛的寶貝,如果真的救不回來,我要怎麼跟女兒交代?

幸好,Cocoa 成功地撐過去了,在牠生死未卜時,已經哭得亂七八糟的我,在醫生出來告訴我手術已經成功後,我

哭得更兇了，看著 Cocoa 奄奄一息地躺在恢復室、聽著醫生交代手術的過程與之後的注意事項，我還是在哭，總之我哭到眼睛跟臉都腫起來了，事後吳先生還跟我說，他看到我哭成這個樣子，還以為狗狗救不活了。

　　聽起來很沒用對吧？明明我已經是個四十歲的大人了，但是卻在遇到事情時哭得上氣不接下氣。可是，硬是忍住眼淚的目的是什麼呢？哭泣不代表無用，哭泣往往是給自己更大的能量往前加油。

　　即使我一直在哭，但該做的事情，並不代表我會荒廢，該注意的事情，該照顧的每件事，還是都有做好。只是當下我也需要抒發自己的情緒，才能有更多的能量。

　　我常常在想，女人之所以經常活得很辛苦的原因，就是因為我們總是有很多的情緒和想法，只要一閒下來，我們就會忍不住開始檢討一整天的所有事情，忍不住想著「這樣做對不對」、「換個方法是不是更好」。就像我在候診室等待時，雖然腦子裡雜亂無章，也會一直想著為什麼我切水果時不小心一點、想著要怎麼跟女兒講這件事，甚至想

到了如果 Cocoa 真的怎麼了，要怎麼安慰女兒⋯⋯很多人會語帶嘲諷甚至指責地說「女人就是想太多」，沒錯，女人的確就是想很多，但這是天生的！就如同我的營養師曾經告訴我，女人的荷爾蒙每天都會有變化，而這些身體的變化，會影響著我們的大腦，所以女人總是感覺情緒落差特別大，有時早上睡醒時明明很開心陽光，但到了下午卻開始覺得鬱悶。

在這樣的情緒起伏下，其實女人是很需要宣洩的，如果我們總是忍住情緒、假裝沒事，只會更辛苦不說，還有可能會生病。

女人的確是水做的，可是有時候我們真的太ㄍㄧㄥ了，把自己變成了冰，表面上看起來好像無堅不摧了，但其實，卻凍傷了別人，也凍傷了自己。

所以女人們，想哭就哭吧！這並不表示妳軟弱、也不表示妳不成熟；相反的，是我們更懂得誠實地面對自己、接受自己，因為眼淚就像是情緒的排毒機制，偶爾大哭一場，宣洩壓力，反而會使我們更健康。

別把自己的價值觀，放在他人身上

「妳小孩最近是不是胖了？看起來很肉！」

「妳的小孩幾公分啊？怎麼那麼高？有照過骨齡嗎？」

「妳女兒是很愛運動嗎？怎麼皮膚曬得這麼黑？」

以上這些話，是不是常聽到？沒錯，身為一個母親，帶孩子出門時，總會聽到類似的話，說的人並不是惡意，有時甚至只是隨口找個話題，可是我總是在想，怎麼可以這麼隨口的當著孩子的面評論他們的外貌或身材呢？

「小孩子又不懂」，我想會這樣說話的人心裡肯定是這麼想的，畢竟如果是大人對大人，我們其實很少直接評論別人的長相，可是對象是小孩時，不僅是長相，甚至連成績、私生活，甚至是一些很隱密的私事，都成為可以公開討論或玩笑的事。比如有一次我在餐廳時，就聽到兩位媽媽和一個小女孩在吃飯，其中一位媽媽指著小女孩說牙齒不整齊，應該要趁小時候趕快去矯正，而另一位媽媽則回答說小孩子怕戴牙套上學被同學取笑，怎麼勸都不肯去，然後兩

位媽媽就在那裡拚命鼓勵小女孩「不要在意別人的看法」，而當事人、也就是那位女兒，就坐在一旁緊緊抿著嘴巴，一臉的不高興。

在那一瞬間，我心裡覺得好矛盾啊！我可以理解媽媽的擔心，希望小孩越來越好，可我也檢討自己，是不是也曾不自覺做過一樣的事。當著別人的面前，把自己的一片好心，變成壓力。

我想到了小時候的自己，那時我比較胖，也不是那種大眼洋娃娃的小公主 style，或許是不夠美麗到自己家裡的長輩都看不下去，我記得我常聽到他們跟我媽媽說「哎呀，妳別再讓她吃了，她太胖了！」、「哎呀，她怎麼這麼黑？」、「哎呀，她眼皮怎麼會一單一雙？」⋯⋯總之，我從頭到腳都被嫌過。

現在講起來當然一派輕鬆，可是小時候聽了真的會很難過，而大人們之所以這麼做，一來是覺得孩子還小，二來是覺得自己又沒有惡意，就像在餐廳討論女兒牙齒的那兩位媽媽，或者小時候提醒我爸媽不要再讓我吃了的親戚，

在他們的想法裡，都覺得自己是善意提醒、是為孩子好。

可是，把自己的價值觀硬是套在別人身上，真的是為別人好嗎？

大人對孩子這樣做，是因為孩子還小，覺得孩子不懂事，就像很多大人經常對孩子說「你現在不聽我的話，將來會後悔」一樣，因為覺得自己的想法才是對的，所以明明有感受了孩子的不情願和不開心，卻仍然覺得自己是「為你好」。可是我發現，這種用「為你好」當理由，把自己的價值觀硬套在別人身上的情形，不僅僅發生在大人和孩子之間，其實也經常發生在朋友之間、情侶之間，甚至夫妻之間，最後成為了感情的殺手。

就像布萊·德彼特和安潔莉娜·裘莉，在大家眼裡是多麼令人羨慕的一對，每次一起出席各大頒獎典禮時，看著他們男的帥、女的美，簡直讓人驚豔，所以當他們離婚，甚至鬧到對簿公堂時，很多人都說好可惜，這樣的神仙眷侶怎麼會分開？

但在我看來，有時外人看起來很好的夫妻，會分開的原因沒人知道為什麼。也許是因為對於人生的方向、彼此生活的價值觀不太相同。

　　婚姻本來就是細水長流，價值觀一定要一起建立，而不是附屬你的價值觀，去試圖改變別人，迎合他人的想像。

　　可是生活中難免會被他人的價值觀影響，但這樣久了，反而會迷失自己的方向。

　　我們常常說要愛自己，接受自己，但社會的殘酷教導我們要很嚴厲地檢視自己，導致我們內心深處三不五時會覺得自己不夠好？不夠瘦？不夠漂亮？「不夠」成為很多人心理的壓力，很多時候我們努力地替自己做心理建設、替自己打氣，但別人無心的一句評判，又把我們好不容易築起來的牆擊垮。沒錯，許多人總是在無意之中，將自己的價值觀套在別人身上，即使是一句簡單的問候語，裡頭也常常充滿了這樣的意味。坦白說，即使是大人，面對這樣的言語，都有抵擋不了的時候，更何況是小孩子？而如果我們從小就對小孩子施加這樣的言語壓力，是不是在無形中

打擊了他們的自信，讓他們長大之後，經常陷入「我是不是不夠好」的自卑感中。

我很感謝我爸媽沒有把這些「親朋好友們」的審美觀轉嫁到我身上。無論人家說什麼，我爸媽都是一笑置之，看著我的眼神只有驕傲和信任，他們的回答永遠是「我覺得我女兒很好，女大十八變嘛」！

現在也身為兩個女兒的媽媽，因為自己小時候的經歷，從來不會去用「外表」當作我跟其他父母的開場白，每一個孩子有自己的成長期，自己的獨特性，別人家小朋友的高瘦矮胖，皮膚黑白黃，都不應該被他人拿出來指點。

英文有一句成語是「Sticks and stones may break my bones, but words will never hurt me.」，翻譯成中文的意思大概是「棍棒和石頭可能會打斷我的骨頭，但言語傷害不了我」，但是這樣的觀念早已經被心理專家們給推翻了。錯！大錯特錯！因為言語是會傷人的，棍棒和石頭造成的傷口會癒合，可是言語在心裡烙印的痕跡卻是會跟著我們的，即使我們心理再堅強，也不代表其他人不用管好自己說出口的話。

別人的批評雖然要努力不往心裡去，我也會告訴孩子要抱持這樣的心態，有自信跟開朗地生活，但相對，也不代表我們要接受他人的無禮。要提醒自己，不要做無禮的人，而下次，若也有人這樣對妳的孩子自以為好意的品頭論足，或是這樣對妳，請一定要拿出堅定的態度表示「我不喜歡」、「你這樣不禮貌」。

不要再自己嚇自己了

　　因為換季的忽冷忽熱，有個朋友不小心感冒了，狀況並不嚴重，只是有點頭痛和鼻塞，但她在臉書上寫著「幸好是在很久沒有本土案例之後感冒，要不然光是緊張就會嚇死自己」，我深有同感地按了讚。

　　沒錯，焦慮真的是一種很嚇人的情緒，不僅僅會讓心情變差，甚至還會影響生理。還記得去年初時疫情剛起，因為恰逢年假，一下子是口罩買不到、一下子是酒精已售完，下午兩點的記者會直播就像是宣判還不夠，新聞還要二十四小時不斷地重播報導。那一陣子我和吳先生常常一起坐在沙發上看新聞，看著看著，我不禁覺得自己喉嚨癢癢的、連呼吸都不順暢起來，一直想要清喉嚨，但又覺得只要咳出聲來就像是確診了似的。看到後來，我和吳先生總是你看看我、我看看你，試探地問對方「你有覺得喉嚨癢癢的嗎」、「應該是心理作用吧」，在知道對方和自己一樣後，稍微安心地覺得應該是看了新聞以後的心理因素。然而這種安心才不過兩秒，另一股焦慮又迅速來襲，因為我又想

到自己和吳先生同住一個屋簷下，如果有一個人中標了，另一個人肯定也會被傳染，一起想咳嗽也是有可能的啊！

將這些心裡的胡思亂想化為文字，看起來好神經質，我想那一段時期，一定有很多人跟我一樣，整天擔心這個、擔心那個的，畢竟面對不可知的疾病，壓力很大是必然的。但是，壓力只是客觀的事實，焦慮卻是主觀的糾結，而壓垮我們的，往往是後者。

因為焦慮，真的是一種有毒的情緒。

身為一個控制狂加完美主義者，我是一個非常容易感到焦慮的人，這不是簡單地告訴自己「不要想太多」就能解決的事，因為想太多的人其實比誰都困擾，畢竟誰會希望自己一直陷在鬼打牆的情緒裡呢？可是焦慮就像是一種危機感，而人在面對危險時，肯定會下意識地想要保護自己，怎麼可能什麼都不做？就像那時候，我也被疫情影響，陷入了深深的焦慮，除了老是疑神疑鬼地覺得自己喉嚨癢之外，受到影響的工作也是我的焦慮來源之一。畢竟只要一聊到工作，最後的結論不是「過一陣子再看看」、就是「等

疫情稍緩再決定」，但是一陣子是多久，而又要怎樣才叫稍緩呢？越是想弄清楚，就越是想看新聞，又陷入了一種惡性循環。

到後來，我真的發現這樣不行！因為疫情是我完全無法控制、也無法改變的事情啊，將全部的心思都放在一件沒有著力點的事情上頭，是一點用都沒有的。既然生活中有許多事因此而暫停，那我不如利用多出來的時間，做一些別的事。所以，我報名了健身課程，也做了一些其他的安排，當一件事情不可能立刻解決時，最好的辦法，就是去做些別的事，既不浪費時間、又能轉移注意力，不要讓有毒的焦慮一直殘害我們。

不過，想要遠離有毒的情緒，還有一件很重要的事，就是不要再自己嚇自己啦！

我們可以把事情越想越好，不要去越想越糟，一堆人嚇在一起。

比如我的朋友 Fiona，就因為同事裡很愛「嚇自己」的人，

被影響了。還記得疫情之初大家人心惶惶時，不僅瘋買口罩，連各項生活雜貨都有人搶。Fiona 本來是覺得有些東西比如衛生紙是不必要過度囤積的，畢竟她的理智告訴她，口罩和衛生紙用的是完全不同的原料，更何況她原本是個很有計畫性的人，早在別的國家開始有封城的新聞傳出來時，她就仔細思考了萬一台灣也封城，家裡應該要準備什麼，而衛生紙無論如何不是一個必備的選項，畢竟萬一我們真的被關在家裡，沒有衛生紙，也可以用水洗呀！

可是人和人之間是會互相影響的，再怎麼理性的計畫，在身邊有人不斷散播焦慮情緒時，我們難免會被影響。Fiona 那位愛「嚇自己」的同事，自己緊張還不夠，還特別愛找人分享，不僅會分享各種看起來很恐怖的新聞連結給同事，連偶爾聊天時，講的話題都是這一些。

不僅如此，還在辦公室搞起各種團購來，而人類的心理是很奇妙的，當別人都在做某一件事時，妳就是會開始覺得自己好像也應該做一下。於是 Fiona 也莫名其妙地跟著下單了一大堆衛生紙、乾洗手、除菌液……等到貨送到時，看著那一大紙箱的東西，她才突然像被雷打到一樣驚醒過來，

天啊！自己怎麼買了這麼多？

當然這並不是什麼太嚴重的後果，畢竟那些日用品慢慢使用，也是會有消耗完的一天。但仔細想想，如果妳本身就是一個很容易焦慮的人，身邊又充滿了這樣的毒型人物，那麼妳的日子豈不是每天都在擔心中度過嗎？

又或者妳本身是個耳根子很軟的人，身邊卻充滿了控制狂，那妳的人生豈不是永遠要被別人牽著鼻子走？

不是說要緊張兮兮，為了避免被驚嚇，把所有人都當有毒物質隔離防備。而是要知道每個人都是有弱點的，有些人特別容易緊張、有些人控制欲特別強、也有些人耳根子特別軟，那並不代表這樣的人是壞人，只不過是不同的人格特質而已。

而最重要的，是我們每個人都要有自知之明，才能知道自己的弱點在哪、該遠離什麼類型的人，如果缺乏了這分自知之明，不僅很容易受別人影響，甚至一不小心，大家造成集體恐慌，不但沒讓事情越變越好，反而會消耗大家的

能量，都活在焦慮中，那時候，謹慎就變成一種毒，就成
了不健康的負能量了。

擁抱
　不同階段的妳

面對和自己的關係

妳有多久沒好好對自己說「辛苦了」？

有多久沒有好好照鏡子替自己加油打氣，想著「妳很棒」、「妳做得很好」、「妳是值得被愛的」？不開心的時候選擇大吃洩憤，吃完後擔心自己不復二十幾歲的樣貌，覺得自己被生活困住，快不快樂都想不起來。

這是現在的妳嗎？還是，妳可以好好的面對自己？

我覺得現代人，花很多時間在經營跟他人的關係。先生怎麼看自己、婆婆怎麼想、孩子生活遇到的困擾、公司或朋友之間對自己的評價。

可是，很多時候我們常忘記和自己對話。「愛自己」大家都知道，但愛自己並不是刷卡買昂貴包包，覺得有點累了去醫美就好。愛自己，不是只有愛惜自己的外表，很多時候，是要提醒愛惜自己的心。

常常聽到許多女人抱怨自己的另一半不會說甜言蜜語。可是我們是不是也常忘記對自己說甜言蜜語呢？

很多時候我們會把重心放在另一半身上，與其說期待另一半講出甜言蜜語，倒不如說，是期待他偶爾也能用言語表達內心的感情，只要幾句簡單的「我愛妳」或者「妳對我很重要」這一類的話，會覺得很滿足。

可是反過來想想，當我們抱怨著另一半很久沒對我們說「我愛妳」，職場上主管從來沒鼓勵過自己，家人從不給予任何認可時，我們又有多久沒對自己說這樣的話了呢？

現代人的生活很忙錄，工作、家庭和孩子佔據了我們大部分的時間，有閒暇時，我們又想追劇、跟朋友聚會，甚至旅遊，真正留給自己的時間是很少的。我所謂的「留給自己的時間」，不僅僅是指去上一些課程充實自己，或者做SPA或按摩犒賞自己，而是好好地跟自己的心靈對話，因為我們的精神，總是放在外在的人事物上，我們經常想著「孩子到底需要什麼」、「先生到底喜歡什麼」，甚至連朋友或同事的一句話，我們也常常在心裡反覆思考「他這樣說

是什麼意思」，但是，我們又花多少時間思考我們自己呢？
妳想著別人需要什麼的時間，是否比想著自己需要什麼的
時間多？妳分析別人個性的時間，是否比分析自己個性的
時間多？甚至，當我們耿耿於懷著別人的一句話，拚命想
著「他為什麼這樣講」的時候，是否又曾反過來思考，自
己為什麼會這樣在意？

就像我曾在 podcast 都說過，我偶爾會去看諮商師，當時，
也有好心的朋友提醒我不要把這件事掛在嘴邊講，畢竟有
些人可能會認為，看心理醫師的人，都是心理或精神有點
異常的。但是，這其實是個完全錯誤的觀念！因為每個人
都會有情緒、有心結、在遇到問題時可能會鑽牛角尖，這
都是正常的情況，而諮商師的角色，就像是心靈的健康教
練，引導我們抒發、幫助我們面對。

而認識自己的情緒和需要，面對自己的挫折和感受，是一
輩子要努力的功課。

就像很久以前，有個小女孩站在鏡子前，不斷地對自己說
「妳很棒」的影片，曾經讓許多人會心一笑，畢竟一個孩

子自己努力為自己打氣、為自己加油的畫面,的確讓人覺得很溫馨,但是身為大人的我們,有多久沒有為自己這麼做了呢?

有個朋友告訴我,她的諮商師建議她在每天睡覺前,面對著鏡子裡的自己,對自己說「You are loved」。一開始的時候,她心裡其實覺得有點彆扭,甚至有點尷尬,畢竟對著鏡子自言自語,感覺真的很奇怪。直到有一天她的工作出了一點小小的 trouble,雖然能力很強的她立刻完善地處理好了,但是一整天都覺得很煩、很焦躁,當時她也沒多想,只覺得事情不順利而心情不好是正常的,直到晚上睡前,她照慣例地對著鏡子裡的自己說「妳是值得被愛的」時,她突然鼻子一酸,眼淚就流下來了,那時她才發現,原來她心裡最深的恐懼是什麼,原來她一直以來的要求完美、能力超群,是因為她覺得要做到一百分才值得被愛,所以即便只是遇到一個小小的問題,都能讓她坐立難安一整天。

我常常在想,每個人心裡一定都有一些過不去的結,那可能是來自於童年的經驗、可能是來自於青春期的挫折,隨著時間的流逝,看似過去了,甚至遺忘了,但多多少少都

會在我們心裡留下暗傷，就像是曾經嚴重受傷的肢體，看似痊癒了，但可能在陰雨天或某個姿勢下，就會突然痛起來，而如果我們不去在意，只是放任它痛，最後只會越來越嚴重。

身為一個女人，我們在乎伴侶之間的關係，總會想很多辦法維繫感情，我們在乎親子之間的關係，會花很多時間陪伴跟傾聽，甚至，我們也在意朋友和同事之間的關係，會努力聯繫感情、定期聚會。可是最重要的是，妳是否在意自己和自己的關係呢？

每個階段的我們，想法都會有變化，需求也會不一樣，仔細想想，從我們出生到死亡，會一直陪著妳的人，就是妳自己，如果妳和自己處得不好，或是有矛盾，不僅自己會覺得很辛苦，旁人也會覺得妳很難相處。

所以，記得每天留一點時間給自己，好好地和自己對話，聆聽自己內心的聲音，好好面對和自己的關係，就是愛自己最好的方式。

去了解隨著時間變化，自己的需求、自己的轉變，每個年齡，我們都會有不同在意的點，以及面對生活所想要做的調整。

只是，我們常常只記得配合別人，卻忘了照顧自己。等到想到時，往往已經很疲累。

「妳做得很好」、「辛苦了」、「做不到沒關係」、「妳今天很棒」，這些我們會拿來鼓勵孩子，或者周遭朋友的話，其實，也別忘了拿來提醒自己。

不懂得和自己相處，怎麼能好好愛身邊的人呢？不懂得把自己照顧好，怎麼能有更多的能量，去照顧他人。

好好面對和自己的關係吧！

是犧牲，還是做了不同選擇？

　　我的朋友常常取笑我有一種奇怪的毛病，叫「放假恐慌症」。

　　每當工作告一段落、好不容易閒下來時，剛開始我會覺得鬆了一口氣般的輕鬆，嚷嚷著好想度假、好想去海邊曬太陽，躺著都不動。但過不了幾天，就閒不住開始焦慮了，這時候如果新的工作還沒有開始，坐不住的我簡直一刻都不得閒，一下子想著要去報名什麼課程、一下子想著可以寫份什麼工作計畫，那種坐立不安的感覺不僅讓自己很浮躁，甚至也會影響家人的情緒。

　　不是說當家庭主婦很閒，相反的，家庭主婦簡直是世界上最忙、最累，也最龐雜的工作了，但是理家和工作的感覺是不同的，工作帶給我的快樂是衝勁和挑戰，每一次完成一項工作，都會得到無與倫比的成就感，所以我總是主張女人一定要有自己的工作或興趣。

可是，要兼顧家庭和工作，相信對所有人來說，都是不簡單的事。

該怎麼兼顧，比例要多少，要如何才能有著適恰的角色，永遠都覺得好難。

前陣子，我的一位朋友 Emily 陷入憂鬱症的困擾，誘發的導火線，在旁人眼裡看到，也許會笑說「這還好吧」、「幹嘛大驚小怪」。

不過，壓死駱駝的最後一根稻草往往是這樣，情緒累積到一個程度，一句無心之言，就能把人推入黑洞。

Emily 的狀況，是她在兒子生日時，買了個玩具給兒子，當她滿懷期待，把包好的禮物拿出來，笑著說「生日快樂！這是你最想要的機器人」時，她兒子卻不如她期望的反應，反而快嘴回一句，「厚，不是機器人，是鋼彈啦，妳很笨欸！」

被孩子罵笨會傷心是理所當然的事，但是她兒子其實也才

六歲而已，完全是無心的一句話，可 Emily 在生小孩前，其實是一間大公司裡獨當一面的主管，她的工作能力是有目共睹的！

為了孩子，她放棄了自己的事業、放棄了大好的前程，只為了陪伴小孩長大，這些年來，她眼睜睜看著當年自己的下屬爬到了比自己高的位置，當年的同級離開公司創業，成為獨當一面的老闆，每次聽到舊日同事傳來的消息，她都會忍不住想著「要是換我來做，說不定做得更好」。因為當年她的能力是一點也不比別人差的，而多年的壓抑終於在小孩一句「妳很笨」後爆發，她才發現自己的心原來已經生病了！

女人為什麼總是想著犧牲自己呢？

上一輩的人有著「男主外女主內」的老觀念，女人犧牲事業回歸家庭是不得不的選擇，但到了我們這一輩，觀念其實已經慢慢在改變了，Emily 的先生並沒有要求她辭職，婆婆人也很好願意幫忙顧孩子，堅持辭職的，其實是 Emily 自己。六年前，她滿心歡喜地迎接新生命，覺得世界上所有

的事情都沒有比陪著孩子成長更重要，六年後，卻變成了「我為你犧牲了這麼多」的埋怨。

我是很能理解 Emily 的感受的，雖然我不是朝九晚五的上班族，時間上還算能彈性的安排，但想要兼顧家庭跟工作，我還是要做出取捨。

譬如說，我不能出國很多天、不能晚上不回家（就算先生支持，心裡也放不下）。久而久之，大家也都知道我有這些顧忌，有需要很長時間的工作，我會割捨。

理智上我知道這是我自己的選擇，但我還是有我的矛盾，曾經，我也會情緒焦躁，甚至會覺得：「我還可以拚啊！我覺得這個工作我也可以勝任啊！」

甚至會羨慕那些在工作上不斷挑戰自己、不斷獲得成就的朋友，覺得自己無論是能力或毅力其實都不比別人遜色，要不是被現實綁住了，那些事情我都可以做！

我不是覺得生活過得不好，我很珍惜擁有的一切，但有時

不是這樣嗎？覺得很多事都很好、很感激，但心底還是會有一個小小聲音，一個「如果……」在心底低語。

那一句又一句的「如果」包圍著自己，抬頭看，不免想著「現在的我，在哪裡……」，現在的我，還是年輕時那個充滿理想和抱負的我嗎？

直到前幾年拍戲時，一開始我是很興奮的，覺得自己終於等到女兒稍微大了，可以重出江湖。結果有次女兒感冒了，雖然家裡有人照顧她，也看了醫生說只要多休息就好，我在片場跟女兒視訊過、知道她已經吃了藥睡著，即使我立刻趕回家，也不可能施展魔法讓她立刻好起來。但我整顆心都已經飛奔回家了，心裡只想著只要女兒快點好起來，要我做什麼都可以。

那時候我才發現，不是孩子離不開我，相反地，是我離不開我的孩子，那些錯過的追夢機會，從來都不是犧牲，而是我早就選擇了對我而言更重要的事。

我喜歡工作帶給我的活力和挑戰，那就像是蛋糕上美麗的

奶油、新鮮草莓，讓我發自內心覺得興奮。

可是很多次我工作回家，躺在床上陪女兒們講故事、哄她們睡覺，明明是很家常的瑣事，但看著她們睡著，總是發自內心覺得幸福。

有句話說「魚與熊掌不可兼得」，可是人性總是貪心的，有時候我們就是會忘記，自己早已經選擇了其中一樣。

常常聽到許多人埋怨地說起自己的犧牲，像是「要不是為了孩子，我早就升職了」，或是「要不是為了愛情，我早就成功了」，也有獨身到中年，抱怨「要不是因為工作，我早就結婚生子」的人，抱怨著抱怨著，甚至會開始嫉妒別人得到了自己沒有的東西，眼紅別人的人生，人也越來越負面，當我們忘了自己已經得到的東西，只想著自己沒得到的東西時，即使妳擁有的再多，人生也是不會快樂的。

我們都是普通人，一天就是只有二十四個小時，不可能把所有想要的東西都抓在手裡，每次有人談起如何兼顧家庭與工作的話題時，我都會心想，除了安排時間的技巧之外，

更重要的是，我們要知道自己想要什麼、明白自己需要什麼，才不會總是陷在不甘心的情緒裡。

像我的另一個朋友 Kim，就好有智慧，讓我深深佩服。

她原本是一位舞蹈老師，卻意外懷了雙胞胎，一次兩個孩子讓她忙到完全沒時間備課，只能辭職，但即使是這樣，她還是抓住零星的空閒時間，拍了許多如何塑身或雕塑曲線的短片，雖然沒空經營粉專或網站，但是她把拍好的影片放在媽媽社團裡分享。

兩、三年下來，竟然也小有名氣了，也開始有些合作案來洽詢。有一次她告訴我，其實當年她在做舞蹈老師時，最享受的就是同學們在她的教導之下完成了原本做不到的事，她開玩笑地說：「我就是喜歡可以命令別人的感覺。」

雖然這只是玩笑話，卻充滿了自嘲的智慧，她知道自己需要舞台、需要別人崇拜的眼光，即使孩子還小的她，沒有時間像以前一樣到處教課，但她卻聰明地用另一種方式，得到了讓她保持活力的養分。不會因此失去了自己，而是

換個方法，讓自己發光。

　　每個女人都像是一朵花，適當的肥料固然能讓我們開得又大又美，但陽光、空氣和水才更是我們存活的關鍵。

　　但妳是一朵什麼樣的花？適合什麼樣的「肥料」去灌溉，每個人都不同。有時候我們只是做了不同的選擇，去綻放成另個樣子，並非是因此枯萎了，被犧牲了。

　　就像我在這本書前言裡，所說的「人生就是一個蘿蔔一個坑」，但誰說掉入坑裡，就只能無計可施？

　　長在坑裡的蘿蔔，也能讓自己綻放不同的色彩，喜歡自己當下的選擇，欣然接受未來的改變，對我而言，是面對不同階段最好的方法。

　　無論想當女強人、全職媽媽，還是想要游刃有餘在工作與家庭之中試著取得一個平衡點，都好。

　　與其想著我過去為何不做另個選擇，為何要犧牲自己？

不如轉個念，把事情順水推舟，往新的方向去。

二十幾歲的我，覺得事業就是一切，我帶著一箱行李來台灣闖江湖；然而二十年後，我的身分是兩個小孩的媽咪，有家庭，但也有自己喜歡的工作。

也許我想成為的那朵花，跟當年不同，可如今家庭就是我的陽光、空氣和水，而工作就像是我的肥料，一樣綻放出不同的美麗人生。

放下「犧牲」這念頭，轉念提醒自己，我們不過就是做了不同選擇而已。

時時刻刻提醒自己這些，才能夠活得漂亮、過得幸福，創造屬於我們的美麗人生。

享受自在帶給妳人生的美好

有天去小孩學校參加活動，跟著學生家長在聊天時，突然被其中一位媽媽問：「Mel，妳最近都穿得好休閒啊！」

才發現，對耶，怎麼以前到哪都想著要穿衣櫃裡新買的洋裝，精挑細選各種包包鞋子搭配的我。最近送女兒上下課，最常有的裝扮卻是 T-shirt、短褲和帆布包。

那些美麗的洋裝、套裝，幾乎都是在工作時才會上場，身為瘋瘋貴婦的我，怎麼突然轉向休閒風？

別誤會，我還是很愛漂亮的東西，還是 shopping queen，可越來越發現，隨著年齡的推演，對於美的定義，稍微有點不同了。

「女孩子就是要美」，是我常掛在嘴邊的一句話。美不是代表我們要為了追求外表、無極限受苦餓肚子、拚命減肥，或是本來只是想要靠醫美微調，最後卻變成幾日沒有去醫

美，就渾身不對勁。

美是有各種樣子，美是隨著年齡而轉變。外表的美，現在科技進步，是可以掩飾得很好的。但，**真正能自我面對的美，是妳站在鏡子前，對自身的理解。**

外在跟內在美貌的連結，其實是種提醒，不代表要全身珠光寶氣、精緻妝容，而是如果妳發現自己太過邋遢時——會不會是太過注意別人，而忽略了自己？

美和自我，最息息相關的，是反映了我們的內在狀態。

比方說，很多忙碌的職業婦女，既要工作又要理家，常常累到一有空就只想攤著不動，別說沒有力氣維持運動習慣了，甚至頭髮長了、亂了都沒有時間去整理，而這種狀態下對外貌的疏於打理，其實不正反映了職業婦女把自己逼得太累太緊，根本沒有好好照顧愛護自己嗎？

對於美的認知，每個人都是可以有自己的標準的。我喜歡的不代表妳就要追求，而是要找一個自己看了都喜歡、喜

悅的樣子，而不是基於比較做出的結果。

　　妳才是自身美的主宰，這個階段妳想要擁有什麼，想要怎樣的美，是妳去主宰。在屬於自己的時間，妳想要俐落的套裝、輕鬆的便裝，甚至浪漫風格都好。因為妳可以擁有自己想要的樣子。

　　當然，在工作的場合，婚喪喜慶等正式活動，或者一些長輩親戚社交的場合，會有一些衣著的禮儀規範。

　　現代資訊發達，常常人們陷入「某種樣子才代表美」的迷思。將個人價值和商品畫上了等號，於是很多女孩子趨之若鶩，省吃儉用，甚至走了歪路，就是想要買一個包，而這也不僅僅是時尚方面，甚至涵括到整個生活。

　　例如「文青都應該有一台 XX 牌筆電」，甚至「優雅的媽媽都應該有一台 XX 牌嬰兒推車」……當然那些產品都是好的，可是真正的重點，絕對不應該在產品本身，而是在使用產品的人，不是嗎？

年輕的時候，我也曾經非常在乎外在形象，這邊說的外在形象，是會被「別人怎麼看我」限制住。因為在意他人的眼光，會影響我的打扮，有時也許覺得有些拘謹，或不太適合，卻也會因為別人的建議，而接納了那個彆扭。或者太希望別人把我想成某個樣子，反而不敢去做某些挑戰，某些嘗試。

還記得我剛結婚時，因為在調養身體、準備懷孕，婆婆怕我一個人悶在家裡會無聊，帶著我一起出門，和她的朋友一起吃飯逛街、或者唱卡拉 OK，當時不到三十歲的我雖然知道跟長輩出門衣著必須得莊重點，早早把迷你裙和熱褲都收了起來，但是在長輩眼裡，有時候我的打扮還是有點太輕鬆，長輩會用她們的價值觀影響我們是善意，因為入門就是學習，我也始終虛心受教，但當收到婆婆送的一個超級限量名牌包時，很受寵若驚，但也有點心慌。

當然婆婆是疼我，才會把她認為好的東西送給我，收到這麼貴重的東西，我心裡也覺得很高興，畢竟女孩子哪有不喜歡漂亮包包的呢？更何況是想買都不見得買得到的「限量經典款」啊！

可是也是在那時我突然領悟到一個很重要的道理，那就是不管妳拿著多貴的包，在認識妳的人眼裡，妳依舊是原來的妳啊！就像當時的我，即便背著那麼昂貴的包包，可是在婆婆的朋友眼裡，我依舊只是婆婆的小跟班，我說的跟班並不是指她們對我不好或是不喜歡我，而是她們都是人生經驗非常豐富的年紀了，看著我這個剛剛開始當別人的太太、別人的媳婦的年輕女生，在她們眼裡，我還是個小朋友，有許多需要成長跟學習的地方。

　　而拿著那個包包的我，雖喜歡，心中卻也是有點忐忑，沒有辦法那麼自在地背著那個包。包包雖然美麗，卻無形之中，也成為了一種壓力，好像不是我背著包包，而是包包背著我走。

　　真正美的狀態，應該是不管妳是背帆布包還是名貴包，都能很自在愜意地使用。不是被包包牽著走，而是妳當下的心情想要什麼。

　　美麗是妳想怎麼呈現，而不是被社會規範著怎麼美麗，妳拚命追著走，覺得這樣好累，又要逞強說自己很好。

自我的價值可能來自於妳人生的閱歷和成就、智慧和經驗，更可能來自於妳性格的善良和勤奮。但就是不會來自這些身外之物，美麗的物品是用來點綴我們的人生，卻不代表我們的人生。

女人都是愛美的，沒錯，但我們追求的應該是看起來是有質感、有型的樣貌。多一點優雅、擁有選擇喜歡的事去做的自由和權利。

漂亮的包包，在我們年輕時，或許就像灰姑娘的玻璃鞋一樣，彷彿只要穿上了，就能美夢成真。

但大家可別忘了，真正讓灰姑娘美夢成真的，並不是那一雙玻璃鞋，而是那個擁有魔法的神仙教母呀，與其一味地追逐玻璃鞋，不如好好努力，讓自己變成那個有魔力、使所有美夢都成真的神仙教母吧！

人生，要像一瓶酒，越陳越香

「我好想演電影啊！」

之前我時不時就這樣吶喊著，不僅是對朋友、對經紀人，甚至連在節目上，只要有機會，我就會這樣向宇宙下訂單——是的，我已經四十歲了，就在這個人生可以說是已經要過一半的時刻，我突然想成為一個 movie star ！而更讓我感到高興的是，我身邊的人沒有一個會對我說「妳都幾歲別做夢了」之類的這種話，反而會跟我討論什麼樣的角色適合我，因為我們都知道，年紀只是數字，不是限制。

我的意思不是說想去演文藝片的女主角，或是硬是要演個二十歲的年輕女孩。畢竟隨著年齡慢慢變大，我們的外表會變老，會長皺紋，記憶力甚至學習能力也會退步，可是那並不代表我們要放棄人生的可能性啊！

事實上，我發現很多習慣把「我老了」掛在嘴上的人，表面上看起來是認老、是接受現實，但其實只是把年紀當成

是放棄的藉口，每當他們不想嘗試，甚至是不敢嘗試時，動不動就說「我老了，這個我沒辦法」、「我年紀大了，幹嘛還搞那些有的沒的」。

可是，當這樣的人把「我現在是老了，如果我年輕個二十歲就去做」這樣的話當成口頭禪時，就算你年輕個二十歲，就真的會去做嗎？還是說，又有其他的藉口呢？

有句老話說「坐而言不如起而行」，而行動是不分年齡的。有次我跟我的健身教練在聊天，聊到年紀大了很容易腰痠背痛等問題，她跟我說，她的學生裡，就有因為想改善五十肩而來報名上課的一位老先生。一開始，老先生也常常哀怨自己老了，動作無法做到位時就會感嘆年紀大了，但沒想到上著上著，老先生開始對運動感興趣，想知道年輕人常常在說的「人魚線」、「馬甲線」到底是什麼玩意兒，最後居然也開始練起重訓來。

「那他後來練得怎麼樣啊？」我好奇地問，畢竟老先生練重訓，感覺就是很辛苦又很不容易的一件事。

「當然是不可能像年輕人那麼拚啦，畢竟身體也撐不住。」健身教練笑著告訴我：「可是他練了六、七年，整個人看起來很挺，他好像還參加了什麼健身社團，會跟社團的人一起去聚餐！」

教練給我看了照片，畢竟是快要七十歲的老先生了，頭髮花白、臉上的皺紋也藏不住，但是老先生整個人，卻散發著一種很有活力的感覺，那不僅僅是因為有運動習慣的人精神好，更是一種不斷接觸新事物所帶來的魔力，也許我們的身體都會老，但是心態卻可以常保年輕。

常保年輕，不是說要整型、要醫美，而是說，我們不能故步自封，要不斷地接觸新的事物。當然我必須承認，隨著年紀變大，除了體力變差、記憶力也會變差，學習新事物，並沒有那麼容易，可是那又怎麼樣呢？

這又不是在比賽，也沒有時間限制，我們都可以照著自己能接受的速度來，更何況雖然體力不比年輕時，但年紀難道就沒有為我們帶來任何好處嗎？我們累積的經驗和智慧，不也是另一種優勢？

像去年的奧斯卡頒獎典禮上，從影超過三十多年的布萊德‧彼特，終於拿下他人生的第一座小金人，真難以相信已經從影這麼久的他，居然從沒拿過奧斯卡，他拿獎的那部電影我看了，覺得真是實至名歸。

　　要知道演電影和電視是不同的，雖然都是演戲，但電影的螢幕那麼大，可以清清楚楚地看見演員的眼神，如果演員不是全心投入在角色裡，透過大螢幕是看得清清楚楚的。而他在《從前，有個好萊塢》裡的表現，真是令人驚豔，甚至整個人的感覺，都跟以往不一樣了，不是說他以前的演技不好，而是在這部片裡，他像是沉澱了多年、終於脫胎換骨的好酒，多了許多的層次和底蘊。

　　我想，那肯定就是他將自己多年經歷吸收和內化之後，造成的蛻變吧！

　　有句諺語說「殺不死你的，將使你更堅強」，我們從各種人生的挫折中得到了歷練，慢慢變得更堅強，也變得更多面；又或者像李奧納多，雖然現在的他看起來也有年紀了，再也不是以前演《鐵達尼號》時的英俊小生，可是看看他

這些年演的角色，又豈是年輕時的他能夠駕馭的呢？

轉眼間我也已經四十歲了，雖然還說不上老，但也已經不是年輕美眉。現在想想，我做的許多事情，在以前是怎麼也料想不到的，剛回台灣時，中文不好的我，怎麼也想像不到，自己會去嘗試主持談話性節目。

可是開始接觸後，雖然我因為中文不好而常常雞同鴨講鬧笑話，卻意外地發現這樣也很有「笑果」！人生有無限的可能，而年齡為我們累積的，是經驗，而不是限制。我們都要努力成為一瓶越陳越香的酒，而不是酸溜溜地說著「如果我年輕二十歲，我也可以」。

順水推舟的人生哲學

　　很多人常留言說羨慕我的生活，奇怪的是，理智上我也知道自己很幸運、很幸福，應該要知足，但是知道是一回事，做到又是另一回事，很多時候，我也會忍不住羨慕著別人。

　　有句俗話說「吃著碗裡，看著碗外」，羨慕別人好像是人類的劣根性，就像今年因為疫情的關係，很多人的工作都受到影響，我也是一樣，很容易焦慮緊張的我，總是忍不住害怕錯過很多機會，試著要去拓展自己的人生規劃。

　　而這時我突然想到，我有好幾個朋友都長期在投資股票，甚至其中有幾個靠著玩股票賺了不少錢，於是我努力研究了許多資料，塞了滿腦子的投資理財資訊，小心翼翼地入場了。可好笑的是，才過沒兩、三天，我就確定了，羨慕別人是沒有用的，因為我完全沒有靠股票發財的命！

　　我說的「命」並不是指發財運之類的，所謂個性決定命運，我指的「命」，是指一個人的性格。因為我是魔羯座，習

慣做任何事之前都要規劃，甚至有點掌控欲，可是偏偏股票就是一種完全無法掌控的投資方式，即使我做了再多的功課，這種帶點賭博性質的事，就是會讓我坐立難安。更好笑的是，因為這是我第一次玩股票，謹慎的我當然只投資了一點點的錢，想到自己為了這麼一點小錢吃也吃不下、睡也睡不好，我忍不住在心裡想，羨慕別人有什麼用呢？有些事情我就是做不來，與其羨慕別人，不如乖乖認命！

沒錯，這幾年我漸漸發現，「認命」是一種充滿了智慧的人生哲學。

這裡說的認命並不是指不必努力或逆來順受，而是說我們都要了解自己的個性和強項，去選擇適合我們的生活方式，就像我可能沒有投資的命，但卻有表演的命，很多人面對鏡頭或人群時會怯場，可是我天生就是人來瘋，所以從事演藝工作就像是順水推舟，雖然還是要付出努力，但起碼天生的個性，會成為我的助力，而不是成為我的阻力。

不僅僅是工作，我甚至覺得，不管感情、婚姻，甚至教育孩子等等，其實都需要順水推舟地去做。

幾年前，我有個朋友邀請我去參加她兒子的鋼琴成果發表會，才念國小低年級的小男孩穿著西裝、繫著紅領結，手明明那麼小，卻非常流暢地彈出了美妙的樂章。看著小男孩坐在鋼琴椅上的優雅和從容，簡直像看到了迷你版的郎朗，在場的家長們紛紛驚嘆，而我的朋友就跟大家分享著她每天如何陪孩子練琴，她告訴我們「成功」是一分的天才，九十九分的努力，畢竟孩子玩心重，她很多時候也得恩威並施，才能讓孩子乖乖練琴。然後，有幾個媽媽就羨慕地說自家的孩子也有學鋼琴，可是程度卻差很多，一副恨鐵不成鋼的樣子。

我卻忍不住想，努力當然很重要，但天分也不可少啊！有些孩子的能力或許不在音樂，而在繪畫或者其他方面；甚至有些孩子可能天生在才藝方面就沒有什麼特殊的才能，但卻有著樂觀開朗的性格，或者體貼善良的心，那不也很好嗎？

當然我們要教會孩子努力、要讓孩子知道重要的是過程而不是結果，可是仔細想想，如果我們照著孩子的天分順水推舟地去教，是否會更容易？而如果我們老是逆水行舟地

逼迫孩子去做一些事倍功半的行為，是不是在無形中打擊了孩子的自信？

以前我總是覺得，與其羨慕別人，不如努力去做，畢竟光是羨慕是一點用也沒有的，但隨著年紀慢慢變大，卻有了不一樣的想法。

年輕時，我們的確是該多方嘗試，畢竟不試怎麼知道呢？不管努力過後的結果是否成功，起碼都會成為很好的經驗。但當我們到了一定的年紀時，年齡帶給我們的智慧，就是更加了解自己是個什麼樣的人，我們必須知道什麼事情適合自己、什麼事情不適合，而不適合的事情，就該「認命」，因為這就像是鳥不可能學會游泳、魚不可能學會飛一樣，不同的個體有不同的道路，不同的人也有不同的命。

我們常常說要愛自己，而我想，到了某個年紀以後，真的愛自己的人，是不會整天都在羨慕別人的，當然一時的羨慕誰都會有，可是如果妳真的了解自己，就會很快地清醒過來，而不會任由羨慕發展為嫉妒，因為我們該知道自己有自己的路，妳無法複製別人的方式，但同樣的，別人也

無法複製妳的方式。

　　找到適合自己的路，用自己適合的方式去努力，人生就會像是順水推舟；相反地，如果妳總是違背自己的本性，再怎麼努力也會遭遇重重阻礙。當妳覺得自己活得很累、很辛苦，覺得別人怎麼都看起來那麼輕鬆時，也許並不是別人的生活真的比妳好，只是別人找到了適合自己方向。

　　我們可以當個順勢的人，但所謂順水推舟，其實是說，妳要順著，屬於自己的水流。

「少女」跟年齡無關，是一種心態

於公於私的好夥伴貞妮姐是個事業成功的女強人，因為實在是太能幹了，做什麼賺什麼，於是我幫她取了個外號叫「王大亨」，大家都說這外號實在太貼切了。

畢竟她在她擅長的領域裡，就是有著如大亨般的地位啊！不過好笑的是，這位厲害、讓許多人仰望甚至敬畏的大亨，居然有天叨念起她都沒有拿到橘色的口罩，也好想跟別人一樣有橘色愛馬仕款口罩。

其實這根本是件小事，她也沒料到，當她說出口後，一堆人拿了橘色的口罩來給她，甚至有人是特地去跟朋友交換，只為了滿足王大亨的願望。

我笑著跟她說，「See，這就是少女心的功力啊」！放軟身段、撒嬌甚至帶點小任性的要求，非但不會讓人討厭，相反地，反而會讓妳更好親近。

長期以來，我一直鼓勵女人要懂得撒嬌、要保持少女心。

　　這並非狐媚或做作，相反地，是極為自然的事。還記得我們小時候多麼會撒嬌嗎？走在路上腳痠了，立刻可憐兮兮地舉高手對爸爸說：「把拔～抱我，我走不動了。」心愛的洋娃娃壞了，立刻哭得一蹋糊塗在家裡發脾氣，無論媽媽怎麼哄，都抱著壞掉的娃娃不肯放手。那時候的我們年紀還小，哪裡想過這是一種手段？只不過是真情流露而已。

　　可是逐漸長大後，我們覺得自己應該要成熟、應該要理智，慢慢地就把這一面給隱藏起來了，就像我剛結婚的時候，一心想當個好太太，自己覺得已經成為了已婚婦人，應該要體貼而且善解人意，不僅外貌打扮上開始偏愛氣質路線的風格，連心態上也產生了變化，有時在街邊看到很可愛的小東西，明明眼睛都亮了，心裡卻有個聲音跑出來告訴我：「Mel，妳是個大人，而且還已經結婚了，這種玩意是小女孩的東西，不適合妳。」

　　而生了孩子之後，更是變成了神力女超人，能夠一手抱娃、一肩背著裝滿東西的嬰兒包還俐落地推著推車，每個

媽媽都一樣，不用練重訓也會長出二頭肌，這時候的我們就跟女超人沒兩樣，哪裡還有小時候那種撒嬌地說腿痠了、走不動了，要別人抱的心態？

可是，當妳變成什麼都想要靠自己，一些以往覺得很簡單會讓自己很開心的小事都不重要時，慢慢地妳會發現，周圍的人也不會再那麼溫柔地對待妳了。

有句話說，「少女就是任性」。

而為何小時候的我們，可以任性得那麼理所當然呢？小時候的我們，為何一點小東西，像是朋友送來特殊顏色的髮圈、哪裡來的限量版甜點等，就會開心好久呢？

我想，是因為當時的我們有一種自信，相信自己是被愛的吧！就像是小時候的我們，雖然也會被父母親管，甚至被父母親罵，但那時我們的內心深處是清楚知道自己是被深愛的，所以我們敢撒嬌，甚至偶爾撒潑地要小任性，有自信父母親絕對不會因此而不再愛我們了，我們也知道有些人對我們好，是善意，是真心希望我們開心，而不會胡思

亂想地武裝起來。

　但當我們逐漸長大後，多少會在感情或其他人際關係中受挫，慢慢地，我們把心裡的那個內在小女孩給關了起來，時不時地對她耳提面命，要她「不要任性」，我們誤以為這樣就叫成熟，不要為了一點點小事情輕易開心，害怕被騙，卻不知道真正的成熟，不是表面上看起來理智穩重，而是內心的強大。

　而真正強大的女人，是可以自在地做自己，只要不妨礙別人，想幹嘛就幹嘛，想裝可愛或裝無辜的時候，何必要偽裝？

　就像初期錄《姐妹悄悄話》時，雖然整集節目我們都是坐著跟大家聊天，卻也常約好要戴能夠互相搭配顏色的口罩，有時錄節目的前兩天討論著要如何搭配，嘰嘰喳喳也能講一整晚。或許看起來很幼稚，畢竟兩個都已經四十歲的女人，在那裡大叫著「粉紅色的口罩好可愛」、「妳的小花口罩可以搭配我的小草口罩」、「妳這個蝴蝶結是怎麼搭配的」，在某些人眼中是有點好笑。

可是那又怎麼樣呢？在這樣做的時候，我們都覺得很開心，而觀看 YouTube 版的觀眾看到五彩繽紛的口罩，心情也會比較明亮，不是嗎？少女心就像是這些可愛的小東西，少了它，生活就會變得很沉悶。

如果妳心裡還有一點疑慮，會想著「我都已經幾歲了，這樣做真的適合嗎？」那麼，讓我偷偷告訴大家一個有點丟臉的小故事吧，那就是前幾天，我在台北市的鬧區街邊，拿著雨傘追打著吳先生！

那天中午我正巧經過吳先生的公司附近，問他要不要一起吃午餐，走在路上時，他仔細地看著我，對我說：「我覺得妳今天看起來很好看，皮膚很好。」

那時我心裡覺得好甜蜜啊，結婚這麼久，都可以稱作老夫老妻了，但我們還是有著中午的小約會，而吳先生也還會誇獎我的外表。沒想到我高興沒有兩秒，吳先生又接著說：「妳最近是用了什麼保養品嗎？因為妳今天看起來皮膚很好，不像前陣子看起來……」

「前陣子看起來怎樣？怎樣？」我有點氣急敗壞地問，而吳先生畢竟跟我結婚這麼久了，他很了解我，立刻就知道我快要變成 drama queen 了，於是他想了想，很小心、很謹慎地說：「沒怎樣啦，就是看起來像四十歲的樣子……」

什麼！居然說我看起來像四十歲！我氣得立刻抓狂起來，霹靂啪啦地罵著他，說我嫁給你這麼久，每天替你張羅三餐、還生了兩個孩子，你居然說我看起來像四十歲？

而好笑的是，明知道老婆愛聽甜言蜜語，但傻呼呼的吳先生還是不負他「白目王子」的稱號說：「可是妳本來就四十歲。」

氣得我忍不住拿起手上的雨傘打了他兩下，然後半真半假哽咽地說：「我沒有心情跟你吃飯了，再見！」說完再見，就真的伸手招了一台計程車，把吳先生一個人丟在街上了！

所以說，我真的很生氣嗎？

坦白說也沒有，畢竟就像他很了解我一樣，我也很了解他

從來不是一個擅長甜言蜜語的人，可是這種小小的打情罵俏，就是夫妻間維持恆溫的小技巧呀！在那一瞬間，我就是少女心噴發，雖然我真的已經四十歲了，可是我就是還想聽到先生誇獎我年輕漂亮。

果然晚上吳先生回家，立刻找機會不斷地誇獎我，雖然不擅長講好聽話的他，做這些事情時顯得很笨拙，我猜他心裡說不定還偷偷 OS 著自己的太太怎麼還像個小女生一樣幼稚，可是這不就是愛嗎？想想我們談戀愛時，就算比現在年輕，但也是成年人了，可是熱戀中的情侶，不都常常覺得對方是個大女孩或者大男孩，成熟的外表下，掩藏的是一顆赤子之心。

所以無論妳幾歲，請隨時保持著一顆少女心吧！我們不是真的傲嬌，但不妨偶爾耍些小任性；我們不是真的幼稚，但不妨暫時放下妳的成熟理性，因為少女心其實就是年輕的心態，可以為妳的人生和感情隨時注入新的活力。

做自己，不代表可以傷害別人

前一陣子，我去參加了老同學 Helen 兒子的一歲生日派對。

生日派對辦得很盛大，不僅會場布置得非常漂亮，連專業的攝影團隊都有，只為了完整地記錄所有的畫面。當然，一歲的寶寶什麼都不懂，見到那麼多不認識的陌生人，還皺著小臉發脾氣。反倒是 Helen 三歲和五歲的女兒，穿著非常漂亮的公主裝，對會場布置的氣球、可愛玩偶愛不釋手，畢竟哪個小女孩能抗拒這些呢？雖然派對是為了兒子辦的，但 Helen 卻非常努力地，不讓兩個女兒覺得受冷落，而我看著面帶微笑抱著孩子，看似優雅輕鬆、但其實掌控了全局的 Helen，不禁深深佩服起她這幾年的轉變來。

還記得五年前 Helen 剛生下大女兒時，她和夫家的關係，其實是非常非常僵的，因為她先生家是非常傳統的家族，又是一脈單傳的獨子，身上背著傳宗接代的大擔子，往往覺得長輩會投注過多的期待。

雖然 Helen 第一胎生的是女兒，當時無論是她先生或婆婆，都還是很開心地迎接新生命的到來，也並沒有逼著她立刻馬上要懷第二胎，只是在言談中，多少會不經意地提到「將來姊姊可以照顧弟弟」之類的話。

　　身為女人，我絕對明白 Helen 的壓力有多大的，更何況，她不僅僅跟我一樣是在美國長大，還是個混血兒。也就是說，本質上是個美國大妞的她，比任何人都難以接受這種華人傳統的包袱，所以有一次和丈夫激烈爭吵後，Helen 不發一言，包袱款一款，咻地一聲就抱著未滿一歲的女兒，飛回了美國娘家。

　　和 Helen 認識了這麼多年，我是很了解她的性格的，她不是嬌滴滴的天之驕女，卻很謹守原則，一旦有人超越她的底線、讓她委屈，牴觸她的價值觀，她是會立刻表達出來（像她完全不認同重男輕女的觀念，畢竟在她家裡，父母是教育她，男女都一樣好，父親甚至時常鼓勵她，女孩很多時候可以表現得更好）。因此當她看到夫家一而再、再而三地隱喻「男孩更好」的暗示時，她決定用行動表達她的不滿，而我聽到她幾乎是離家出走的「壯舉」後，心想完了，

這種舉動在傳統的華人家庭看來，簡直就是十惡不赦的「逆媳」啊！別說她先生很可能不會站在她這邊，就算她先生支持她，那她將來怎麼跟婆家的人相處呢？

不過我萬萬沒想到的是，過沒多久，她回來了，還很高興地告訴我，她想到辦法、也已經解決了這個大難題，因為她直接去找了婆婆談判。

「談⋯⋯談判？」

我還記得當時我張大了嘴，簡直難以想像，Helen 卻告訴我，她直接找婆婆溝通了，她告訴婆婆，她知道傳統華人對傳宗接代的重視，但是生男生女這回事多半是取決於男性的基因而不是女性的，她願意生三個小孩，也願意嘗試婆婆介紹的那些生男祕方，但如果生了三個還是沒有男生，也希望婆婆能接受，畢竟不管男女，都是他們的小孩，而照顧小孩、教育小孩是需要很多精神和心思的，而且她並不希望自己的孩子在成長的過程中，因為接收到了爺爺奶奶對於「生男」的期待，因此對自己自卑，覺得自己是不被需要的。況且如果生了那麼多小孩，他們沒有足夠的能

力照顧好，相信這也不是婆婆樂見的結果。

　　最後的結局皆大歡喜，去年她生下了第三胎，是個眾望所歸的男寶寶，而每次我看到 Helen，總是忍不住想起她當年的壯舉。當年年輕的我，佩服的，是她敢於在傳統的重壓之下堅持做自己，但現今已經四十歲的我，才突然明白，比起叛逆的抗爭，更加具有勇氣和智慧的，是在做自己之餘，也不逃避該肩負的責任。

　　因為我們都是大人了，而大人和孩子最大的不同，就是我們該為自己的一切選擇「負責任」。

　　婚姻從不是一件容易的事，更何況融入一個新的家庭本來就有許多需要磨合的地方，婚姻不單是兩個人的愛情，是兩個家族的事情。不要說國與國之間，在台灣，光是一個粽子，南北部的口味都不太一樣，更何況是生活習慣。所以不同的人在一起時成為家人時，去理解、尊重，彼此的不同是很重要的。

　　因為妳所愛的人，是被他的家庭孕育大的，他的優點跟缺

點都是在家庭中習得的。當妳能擁抱你愛的人的優缺點時，何不多點耐心去理解他的家庭？

我不是說這樣就代表要一個勁地被欺負、不喜歡的東西就要吞忍。但婚姻就是互相尊重，不管是妻子還是丈夫，都應該要試著去理解，去包容，雙方家庭的不同。

不是不喜歡就直接說「我不要」、「他們很糟糕」，或連溝通都不想。因為言語是有力量的，言語帶來的傷害，也是一種冷暴力，那樣的傷害，要修復往往要花更長的時間。

當妳覺得受到委屈時，不要第一時間去想著訴諸社群力量，去哭訴、去抱怨，讓不相干的人去批評，因為說者無心，看到的人，特別是愛妳的人才會真正感到傷害。

這不代表嫁人了以後我們就只能委屈自己，只能完全抹煞自我去配合婆家，而是當遇到困難時，我們的所作所為，到底是為了解決問題，還是只是像個還沒成熟的孩子一樣，不斷地指責別人，而不反省自己？

就像 Helen 當年帶著剛出生的女兒跑回美國時，她以為她爸媽絕對會站在自己這一邊，畢竟這種非生出個兒子不可的觀念，在歐美人眼裡是難以置信的；可是沒想到，他們雖然會安慰她，卻也很實事求是地問她：「難道妳嫁過去之前，不知道妳先生是獨子、不知道他家很傳統嗎？」

Helen 的爸爸或許搞不清楚華人社會的眉角，但這些可能發生的困難，她媽媽卻早在婚前就提醒過她的。

當她不顧一切的逃跑時，她媽媽也並不是逼她一定要妥協，只是實事求是地告訴她，逃避解決不了問題，如果覺得自己真的沒法和婆家磨合，那麼她該考慮的，是離婚的話孩子歸誰，如果要打監護權官司，她有沒有贏面，甚至於將來辛苦一個人養孩子時，會不會又後悔今天的選擇？而無論她的決定是什麼，抱著嬰兒離家出走，都對一切沒有幫助。

最後，她用了一個既保留了自我、又顧全了大局的方式面對了困難，而這種智慧和擔當，不就是一個成熟的大人最基本的素養嗎？

或許是因為個人主義抬頭的關係，這幾年，我到處都聽到別人說要「做自己」，當然做自己是好事，我也鼓勵所有的人，尤其是女人，都要有清楚的自我意識，但是「做自己」並不表示可以自私地不顧別人的感受。

　　我相信，無論是在生活上、工作上或者各個場合，我們一定會遇到一種人，總是充滿委屈、好像被欺負似的，而當妳想跟她講道理、想讓她明白自己的責任時，她就會用一種很可憐的神情跟妳說：「我又不是故意的，我只是沒想到！」甚至甩鍋一切責任時還會說：「我這是在做自己！」

　　如果妳今天是個孩子，用「沒想到」來當理由，大家可能會接受，可是如果妳今天已經是成年人了，有一定的歷練，還經常用「沒想到」來當藉口，那妳是不是應該要反省自己，是真的沒有想到，還是妳不想替別人想。

　　我的意思不是說用「沒想到」當理由的人都是在說謊，畢竟我們誰都不是先知，總是有準備不周到的部分，但是，身為大人的我們，得為自己的「沒想到」負責。

而不是希望別人一起承擔妳的疏失，因為「做自己」，並不是心裡只有自己，更不是為了自己就可以不顧一切的傷害別人。

面對生命的　困境

度過逆境，是需要練習的

　　一直以來，我總是強調女性的價值，鼓勵大家要多愛自己，畢竟人生這麼長，我們要為自己活、而不是為別人活。可說來好笑，我也曾陷入覺得生不出孩子，就沒資格當個女人的瘋狂低潮期。

　　俗話說「人生不如意事十常八九」，人生有起有落，本來就不可能永遠在高點。

　　而低潮時要如何自處，就是一門大學問。我們都知道，處在低潮時不要氣餒、不要自怨自艾，要冷靜、要理智，有時換個思路就會找到方向……類似這樣的道理，每個人都能朗朗上口，可是有時我們之所以走不出低潮，有個很重要的原因是──我們根本沒察覺到自己已經陷入鬼打牆的胡同裡了。

　　沒錯，我覺得低潮有時是很難察覺的，現在回想起來，我人生第一次大低潮，其實就是剛結婚的那幾年。

熟悉我的朋友都知道，喜歡孩子的我，一直期待有自己的baby，再加上老公是獨子，所以婚後的我們，從開始就期待著小生命的來臨。可是一年過去了，卻總沒有動靜，看了醫生、做了檢查，也說都沒有大問題，可偏偏就是沒懷上。

　　我是個性很積極的人，遇到問題絕對會努力想辦法解決，所以那一段求子的時間，我做了各種努力，有人介紹中醫可以調整體質，就努力喝；醫生說踩飛輪會幫助懷孕，就努力踩；有人好心介紹助孕偏方，只要不危害健康，都一一嘗試。努力了一年後還是沒有動靜，偏偏我又是個絕不放棄的人，所以就跑去跟醫生說：「你要我踩飛輪我也踩了，打排卵針也打了，一年了還是沒懷孕，我決定要做試管！」

　　現在想想，那時的我在一整年的失望之後，早已經跌入了谷底，否則身體明明沒有大問題，又才三十歲左右的我，何必這麼急呢？可是有趣的是，當時的我完全沒發現自己已經陷入低潮，因為我的個性並不是那種光是坐著抱怨的人，相反地還很努力嘗試新辦法。於是表面上，我的日子過得積極又充實，非但沒發現自己已經開始鬼打牆了，反而還覺得自己正面向上。

總之，既然我堅持，醫生也就幫我做了，經歷了辛苦的取卵，醫生告訴我，取出來的卵子都非常健康，培養的過程也都很順利，「大概是因為妳還年輕、卵子也年輕的關係」，他是這麼說的，好像萬事順利的樣子。

　　所以知道試管失敗後，我就徹底崩潰了。

　　當時我們夫妻還算年輕，身體也沒有大問題，試管做上好多次才成功的也大有人在，這些道理我都知道，可是那時候的我卻陷入了瘋狂的谷底，在新聞上看到別的女明星懷孕我會大哭，在路上看到孕婦我也會突然流淚，更誇張的是，連看到大著肚子的母貓母狗，我都能崩潰地大哭，覺得全世界的雌性生物都能懷孕，就我懷不上，就我根本沒有資格當個女人。

　　沒錯，向來從不認為懷孕是女性唯一的存在價值的我，那時候卻是如此的瘋狂和偏激，雖然我不是那種感覺洩氣時就整天只想賴在家裡動不動埋怨哭泣的人，雖然嘴上我也說著「還年輕，不急」，可是我卻成為一個路邊看到一台嬰兒車都能瞬間噴淚的不定時炸彈，我自以為自己很有計

畫、很積極地在解決問題，可是吳先生有一天卻對我說：「算了，沒孩子也沒關係，我們兩個自己好好過比較重要！」

而當吳先生這樣說的時候，我才像是突然被雷打到一樣醒悟過來，原來我已經陷入低潮整整一年了啊！

吳先生是非常喜歡孩子的人，而且他又是個獨子，雖說婆婆從來沒有給我們非得生孩子的壓力，但是期待看到自己生命的延續本來就是人之常情，整整一年下來，我一直以為自己很理性地在進行一切，我以為自己掌控得很好，卻沒想到一直陪在身邊的吳先生早看出了我的壓力和不快樂。

幸運的是，當我真正放棄、壓力鬆解後，就自然懷孕了，最終有了兩個可愛的女兒，一同互相成長扶持到現在。

那段覺得自己沒資格當個女人的低潮期，就成了我最寶貴的教訓——因為我知道，真正讓我陷入瘋狂低潮的，並不是生不出孩子，而是我忘了提醒自己，最重要的是什麼。

王大亨就曾經跟我分享過一段話。她個性某一方面跟我很

像，都很好強又不服輸，有一陣子，她被一個朋友的話傷到了，陷入了一種「朋友為什麼這樣傷害我」的死胡同，越是想知道為什麼，就越是走不出來，而她的氣功老師知道了這件事，就問她：「這很重要嗎？」

王大亨點頭：「很重要啊！她是我的朋友！」

氣功老師又說：「那又怎麼樣，妳小時候的朋友，難道現在還有聯絡嗎？」

老師說的沒錯，許多事情只要拉長時間來看，根本只佔了我們生命的一小部分，只是這樣的道理說來容易，但當下要跳脫出來卻很難，而氣功老師告訴她，要她想清楚真正重要的是什麼，肯定是家人、是孩子，而我們要做的，就是把那些真正重要的人，好好收在心裡的小口袋，每當陷入困境時，就打開心裡的小口袋看一看，提醒自己，真正重要的事情都好好地在身邊。

有時想想，真正讓我們陷入低潮的，其實就是那種「一定要得到」的心態。

我覺得自己很努力了卻仍沒懷孕，王大亨覺得自己對朋友付出真心卻沒得到朋友的友誼，那種拚命努力了卻沒有好結果的打擊，會讓我們誤以為自己像是失去了一切。

　　但我們擁有的明明就很多啊！

　　打個比方來說，人生有時就像投資一樣，心裡的小口袋裡收著的，是我們的本金，當我們在那裡覺得自己投資失利、覺得自己彷彿失去一切的時候，其實仔細想想，只要本金還在，我們永遠都有無限可能，不是嗎？

　　走出低潮往往是一念之間，想通了會發現方法很簡單，雖然陷入其中時，往往像起大霧一樣，看不到出口。所以，除了時刻看看自己心裡的小口袋外，就是做一些讓自己舒壓、放鬆的事情，像是和朋友一起八卦，說說垃圾話、買些漂亮東西犒賞自己、多出去走走看看，把這些走出低潮的方法當作給自己的一些提醒。

　　人生有許多道理，就跟「多喝水才會健康」一樣簡單，人人都知道，但是光知道不夠，還要做到才行。畢竟人生很

長，不可能永遠都順風順水，如何讓自己度過每一次的逆
境，是人人都要練習的功課。這不光是提醒妳們，對我而
言，也是啊！

越過越好的時間管理術

　　前一陣子，我買到一張非常好睡的床，每天睡醒時神清氣爽的感覺，真的讓人彷彿年輕了十歲！而這麼愛分享的我，當然逢人就推薦這張新床。有趣的是，以前我推薦美妝品或時尚可愛的實用小物時，幾乎所有女生都會眼睛發亮，但這次推薦起床，會感興趣的，多半都是過了某一個年紀的人，畢竟「年齡」是一種現實的存在，想當初年輕時，我也是什麼地方都能睡，有時坐夜班飛機或夜車，在又擠又窄的座椅上歪著頭睡，隔天依舊生龍活虎。但隨著年紀慢慢變大，想要擁有好的睡眠品質，就沒那麼容易了，只要稍微姿勢不對，立刻腰痠背痛好幾天。

　　可是即使身體再疲倦，工作還是要做、孩子也還是要顧，然而精神不佳時別說是效率低落，更特別容易發脾氣。那時我才親身體會到，為什麼專家總說想要把孩子照顧好，那麼媽媽要先懂得照顧自己，因為帶孩子、做家事都是很繁瑣而且重複性很高的事，當妳頭昏腦脹、全身痠痛時，強撐著精神煮飯已經很累，孩子如果還在一旁搗蛋或吵鬧，

這時真的很容易失去耐性。

　現代的女性恨不得有分身術，畢竟多數的女性都身兼數職，在職場上要當個好員工、在小孩面前要當個好媽媽、在老公面前要當個好太太，甚至在婆婆面前也要當個好媳婦，而這每一樣都需要時間，在這種情況下，如果還想要優雅從容的生活，一定要學會聰明的「一石二鳥時間管理法」。

　一石二鳥時間管理法的第一步驟，就是要維持良好的身體狀態。我就常常聽到很多已婚的女孩跟我訴苦，說她們其實很想運動，比如報名瑜伽課程或重訓等等，但是下班已經很累，實在提不起勁，更怕自己報名了卻堅持不下去，最後浪費錢。而這種時候，我一定是站在鼓勵的立場要她們去試試看，甚至鼓勵她們撐一下，為什麼呢？因為這不僅僅是為了身材，更是因為規律的運動就跟良好的睡眠一樣，可以讓人保持神清氣爽的狀態，而狀態好時，做什麼都事半功倍，相反的，狀態不好時，做什麼都事倍功半。當然一開始還沒養成習慣時，會覺得很累，甚至多少會壓榨到其他方面的時間，但是一旦上了軌道就會發現，固定

的運動看似佔據了妳已經不多的時間，但是當妳把自己的身體照顧好時，有了更好的做事效率，反而會讓妳得到更多的空間。

第二個重要的時間管理小撇步，就是要善用所有零碎的時間，我發現有很多時間，其實是零碎的片段，比如通勤的時間、等人的時間、工作銜接的空檔等等，尤其是像我的工作型態，不管是錄影或拍照，都有很多等待的空檔，有時這些空檔統統加起來，居然有一、兩個小時，要是都利用起來，可以多做好多事。

當然這些零碎不成系統的時間不可能拿來做需要高度思考的事，可是其實我們每天都有很多雜亂無章的小事要做，這些雜事看來不花什麼時間，但經常會讓人東摸西摸、感覺什麼事也沒做，一個小時就過去了，正好可以利用零碎的時間完成。比如我有個朋友習慣使用網購買菜，所以她總是把護髮行程排在週五，這樣她可以一邊做頭髮一邊下單，週末剛好在家可以收貨；也有朋友的工作是需要大量閱讀新聞資訊，於是她會利用所有通勤的時間閱讀，這樣一來，一進辦公室就可以開始專心工作。

而最重要的第三個心法，就是做事要有計畫。每一週我們有很多行程其實是固定的，比如孩子固定哪一天要上才藝課、比如公司哪一天固定要開會，會比較忙……像我是固定週四要錄影和錄音，所以這一天就會特別忙碌。這天早上我通常在出門前會先煲湯，或者在前兩天就包好餛飩或水餃，這樣晚上回家只要炒個青菜就可以開飯；又或者像我另一個朋友的孩子固定在週二和週五上鋼琴課，於是她在孩子的才藝班附近找了運動教室，剛好孩子上課時她自己也能去運動，又順路省掉許多通勤時間。

轉眼間我結婚也已經邁入兩位數的年頭了，這段時間我體悟到，家庭婦女的忙碌經常是瑣碎的、繁雜的，如果沒有計畫，很容易像無頭蒼蠅似地亂轉，明明忙了一整天，卻又說不出自己到底做了什麼事，而這三個一石二鳥的時間管理心法，看似很簡單、也沒什麼大道理，卻是相輔相成的三步驟。

首先，充足的睡眠和運動能讓自己保持精神集中的狀態，做事情的效率就會提升，也不會在通勤或等人的空檔時，癱在椅子上發呆或睡覺，但又睡不好也沒補到眠，只是把

零碎的時間浪費掉;再來,將不需要專心也可以完成的雜事移到零碎的時間處理,可以讓妳在處理正事時更從容,比如專心陪孩子或工作時,不會因為一直掛心著還有別的事而不耐煩;最後,有計畫性地安排行程,可以避免手忙腳亂地浪費時間,最後不得已地壓縮到休息和睡眠。

其實,女人把自己搞到很累很忙,說到底就是為了家庭,我們捨不得先生跟孩子吃不健康的外食,所以努力擠出時間煮飯,我們希望孩子在有愛的環境下成長,所以努力擠出時間陪伴孩子,我們想給孩子能給的一切,所以帶他們上才藝班、陪他們寫作業、練才藝……這一切的出發點,都是想讓孩子感受到我們的愛。

所以,女人一定要學會聰明的一石二鳥時間管理法,才能夠生活得更從容。否則,當妳把自己搞到很忙很累時,只會容易憤怒跟不耐煩,而當妳的情緒始終在緊繃的狀態時,明明是為了家庭在付出,但卻只會帶給家人更多的壓力,反而造成反效果。

有時放棄，不代表是妳的錯

　　我的朋友 A 在離婚兩年多後，找到了新的對象，雖然我還沒見過她的新伴侶，但其實，光看她分享的照片和動態，我就知道這個新的伴侶遠比她前夫適合她，為什麼我會這麼篤定呢？這是因為 A 是個一刻都靜不下來的人，她很活潑、很外向，可是她的前夫卻非常地「宅」，A 也曾努力地試著妥協，可我還記得，有次她非常氣餒地告訴我，她已經不求前夫陪她一起去旅遊、一起去郊外，只希望偶爾能一起看一場電影。她說：「這要求已經夠低了吧？就是開車去電影院，頂多看完電影再吃頓飯而已，可是他不陪我去就算了，還要念我閒著沒事幹，幾歲的人了還去電影院人擠人，不如在家裝一個家庭電影院！」

　　雖說我們都知道要找三觀相同的人當伴侶，但說老實話，這真的好難啊！畢竟世界上不可能有個人的想法跟妳完全相同，很可能你們的金錢觀相似，但育兒觀卻不同；又或者你們的家庭觀相似，但對於生活娛樂的想法卻不同。並且，你們在二十歲、三十歲和四十歲的三觀都會有些差異。

但是，三觀不同和三觀不合是不一樣的，如果妳和伴侶三觀不同，還是可以彼此陪伴，也可以各自做各自喜歡的事；但妳和伴侶若是三觀不合，別說要他陪妳了，即使妳自己去做，他也要叨念、也要批評。就像 A 當年每次跟朋友出去旅行，回來以後她前夫就會忍不住酸她一直往外跑，當她興奮地分享出遊時拍的風景照片時，前夫只會冷冷地說：「這有什麼了不起的，網路上都找得到」。

這時才明白，俗話說「門當戶對」原來是有智慧的。

年輕時看古裝劇，聽到媒婆講在裡面唱說，「門當，要戶對啊～！」都覺得好老套喔，要用多少聘金跟嫁妝媒合在一起，可 A 的故事讓我發現門當戶對，不是只代表錢財，而是把兩個價值觀相同的人兜在一起，讓生活能從一開始就減少了一些摩擦。畢竟，古時候的人，都是媒妁之言，也不會先談戀愛認識彼此。

當夫妻的想法和觀念如此不合，日子是很痛苦的，畢竟誰能忍受天天被別人潑冷水？可是即使如此，A 離婚時還是承受了很大的壓力，因為當她抱怨先生時，所有人都幫她說

話、所有人都了解她在這段婚姻裡所受的折磨，但當她一提到離婚時，這些人第一個問題就是問她：「那孩子怎麼辦」、「他又沒有背叛你」。

是的，很多人在婚姻裡其實一點都不快樂，甚至覺得痛苦，可是想到孩子，就覺得應該要忍耐。當然父母對孩子的愛是無庸置疑的，我們都願意為了孩子付出一切。可是有時我卻在想，孩子真的需要父母的忍耐嗎？比起勉強維持的婚姻，孩子更需要的，是父母的陪伴、父母的愛、父母的教育、父母的榜樣，而這些東西跟父母是否有婚姻關係是沒有絕對關聯的。

更何況，當妳勉強自己留在一段錯誤的關係裡時，妳一定會有很多抱怨、很多痛苦，充滿負面情緒的妳，反而更加無法提供孩子一個良好的成長環境，不要覺得孩子什麼都不懂，事實上，再小的孩子，也能感受到父母的情緒，而一對不快樂的父母，是不可能營造一個充滿愛的環境，讓孩子好好長大的。

當然，在華人的社會裡，離婚始終不是一件可以大方說出

來的事，除了孩子是一個很大的因素之外，社會上總隱隱有一種氛圍，認為離婚就是失敗，一旦離婚，好像就被貼上某一種失敗者的標籤。

可是有時我也會想，誰說每個人都適合婚姻？

在歐美，大家都把離婚看得很平常，甚至有所謂的離婚party，可以大大方方地慶祝自己離開了一段不適合的關係。我的意思不是說婚姻不需要被認真看待，而是世界上的事經常有變化，有些人是結婚之後，才明白自己不適合婚姻，也有些人是結婚之後，才發現挑錯了對象，更何況人的想法會隨著經歷改變，即使原本妳和伴侶的三觀相似，也可能因為其中一方的改變而漸行漸遠……婚姻本來就是一件非常困難的事，真的走不下去的時候，與其勉強自己忍耐，倒不如放手讓彼此自由。

當然我知道很多事情說的永遠比做的容易，就像我另個離婚的朋友 B，即使離婚後過得更好了，卻還是經常隱瞞或者不願意提自己離婚的事實。

一開始我不明白為什麼，因為 B 是個很有自信的女生，她從來沒有把離異當成人生的失敗，那麼為什麼還是這麼難以啟齒呢？

直到有次她告訴我，某次情人節時，她們公司的老闆忽然一時興起想要辦員工旅遊，希望員工能攜伴參加，而不巧的是那時候她剛離婚，雖然她心裡覺得結束一段錯誤的關係是好事，可是公司裡那麼多同事，有跟她不合的、有跟她不熟的，即使 B 不覺得離婚是丟臉的事，但她卻不想把私事告訴不熟的人啊！更何況，當妳一把離婚的事公諸於眾，有些人就會好奇問為什麼，也有些人會好事地問監護權如何處理。當然，別人可能不見得是惡意，而只是關心，畢竟在華人社會中婚姻狀況是件大事，旁人知道了，不表示一下關心好像也不適當。但對 B 而言，這些林林總總的小事都成為壓力。

還記得前幾年看《如懿傳》，明明如懿是個對權位完全不戀棧的人，可是當皇帝要她成為繼后時，她卻被「生同衾，死同穴」六個字打動了。當我們深愛一個人時，都是恨不得能永遠在一起，最好至死不渝的，就像熱戀時總覺得時

間過得很快，每次約會完要分開都依依不捨。可是當感情變了質，卻變得度日如年，甚至多待一秒都無法忍受。有些人忍啊忍的，從年輕忍到年老，咬著牙下定決心如果有下輩子，絕對不要再跟這個人在一起，可是為什麼不當下結束這一切，卻要等那虛無飄渺的下輩子呢？

時間真的過得很快，有時候我們擔心這個、擔心那個，一輩子就在猶豫不決中過去了，結果妳除了遺憾之外，什麼都沒有得到，不是很可惜嗎？人的一生總是會有很多磨難和挫折，不可能一帆風順，但只要我們保持自信和勇氣，一定能夠見招拆招。

婚姻也是一樣的，有時候，妳努力了但它就是不如預期，那就勇敢一點 let it go，因為 life is so short，我們都要把握時間去做自己想做的事，而不是一味地忍耐，雖然對有孩子的人而言，肯定會害怕影響到孩子，但我想，與其給孩子一個婚姻就是得百忍成鋼的印象，倒不如活出自己、活出自信，才是孩子真正需要的榜樣。

人際關係界線的藝術

不知道大家是否曾經遭遇過一種情況，就是妳明明是一片好心地幫助別人，不求回報，但對方連謝謝都不說也就算了，甚至還嫌東嫌西、拚命挑剔？

在我的生命經驗裡，類似的情景我實在是遇過太多次了，甚至可以說，是從小就對此「經驗豐富」。因為在家裡身為大姊的我，總是經常想幫妹妹們做些什麼，然而妹妹們有時並不領情，甚至常常會覺得我像個管家婆。

當然，妹妹畢竟是我最親的家人，有時關心則亂，我也承認自己有時口氣可能比較急，或者比較直白，更何況家人之間偶爾拌嘴或起衝突，是再平常不過的事，可是面對朋友時，我的態度絕對是很好的，為什麼有時朋友也不領情呢？每當這種時候，我總是會覺得有點委屈，甚至有點冤枉，覺得自己明明是一片好心，但卻被對方當成歹意。

這個問題困擾我很久，直到有一天，一位氣功老師跟我說：

「妳難道不知道嗎？妳身上有一股傲氣！」

什麼？傲氣？當我聽到他這樣子說時，我驚訝極了，難道他是說我很驕傲嗎？可是我自認自己完全沒有呀！下意識地，我就想開始辯解，但他卻很直接地說：「Mel，妳是個很好的人，但妳要有自知之明，妳身上就是有一股傲氣！妳難道不知道，自己有時候會給別人造成壓力嗎？」

好吧，我得承認自己個性急、意見又多，偶爾確實可能給別人造成一定的壓力，但我的出發點是好的呀！當下的我，抱著這種對「傲氣」這個評語不得不承認，卻又有點不甘願的心情。有趣的是，被氣功老師說我有傲氣的那天晚上，剛好和先生的朋友在外面吃飯，那位姐姐，突然很直爽地說：「我真的很佩服吳先生，可以 handle 妳這個太太！」

在我聽到的當下，其實我有一點錯愕，心想她是什麼意思呀？可是她又接著說：「妳知道嗎？現在妳簡直是朋友圈裡太太的典範，每個太太都把妳當成範本，可是這樣是不行的！不是說妳不好，而是妳已經有了一定的年齡，就算妳有一股傲氣，那也是因為妳有了足夠的閱歷，但那些太

太們可能還很年輕，才二十幾歲……」平日就很阿莎力的她，一如往常的心直口快。

又是「傲氣」這兩個字！

宇宙間似乎有一種能量，當它想要傳達什麼訊息給妳時，總會一而再、再而三地給妳提示！

在同一天內被兩個不同的人說我有一股傲氣，當天晚上我一直在思考，到底我身上是有什麼傲氣呢？想了很久，我突然想通一件事，那就是──每次當我很熱情地在介紹東西給別人時，心裡覺得自己很願意付出、很願意幫忙，但那是不是在無形之中，我的熱心會讓別人誤以為，好像我都是對，他們是錯，我就是來教他們的。

可那不是我的本意，對我來說，只不過是「分享病」在作祟而已。

一直以來，我都覺得自己是個很熱情、很主動的人，也覺得熱情很好，比如說身邊的朋友在閒聊時提起自己想裝潢，

我一定會主動說我認識哪些室內設計師、他們的風格如何；
又比如說，身邊的朋友如果說自己身體不舒服，我也會主
動介紹醫生或各種師傅；甚至是根本不熟的工作人員，可
能只是隨口提一句自己扭到了或落枕了，我也會分享我覺
得有用的方法，告訴對方怎麼緩解……我未曾想過要對方
一定要照我的意思做，只是好心地給一個小建議。但是，
我卻忽略了一件事，那就是對方如果跟我不熟的話，會不
會明明對我說的那些沒興趣，只是因為不夠熟，所以不好
意思反駁我或打斷我？

　　當別人沒有要求幫忙，可我們卻主動湊上去提供建議時，
會不會根本不是一種熱情，而是一種超越分際的壓力？

　　我不是說為了怕給人壓力，就要冷漠地對待他人，如果對
方沒主動開口就撒手不管。

　　而是我們在人際關係上，得要有個界線，畢竟每個人都是
獨立的個體，有獨立的思考和想法。更何況，有時候我們
還得考慮到不同的人有不同的性格，像我是那種人來瘋型
的個性，high 起來時講話又急又快，很勇於表達自己的看法；

可是我也認識那種非常在乎別人看法的人，即使是不相干的人隨口的一句話，也會讓他在意很久。但是，有時我們隨口說出來的話，說者無心，聽者有意。

　我想，也許人際關係就像是一個同心圓，最重要的人，比如家人、伴侶在最內圈，而要好的朋友則在第二圈，普通的熟人在第三圈，點頭之交在第四圈……由此類推，我們就是得學習對不同的人得有不同的態度。

　天性熱情，甚至有點喜歡管閒事的人，不能覺得自己是一片好心，就雞婆地對所有人發表意見，造成別人壓力；同樣地，天性敏感的人，也得分清楚圈子，不要把每個人的看法和意見都背在身上。覺察自己的人際界限，畫出健康的心理界線並練習堅守它，人際關係才可以更自由舒心。

妳是在說氣話，還是真的不想要

　　婚齡越久，越覺得經營婚姻是一門大學問，畢竟身旁很多看似完美夫妻的朋友離婚，有些明明婚前如膠似漆，看來恩愛得不得了，但是其中一方變心時卻比翻書還要快；也有些夫妻雙方都是很棒的人，可是兩人偏偏就是溝通不良，最後依舊無法走下去。雖然說每一段感情都不一樣，但有時聽多了離婚的故事，也讓我有點戒慎恐懼，心疼朋友之餘，也一次又一次地提醒自己，要好好珍惜自己的家庭。

　　但是，我以為自己已經聽了夠多離婚的故事了，沒想到前一陣子，又聽到一個讓我驚訝到下巴差點掉下來的事！我朋友 Emmy 的父母，居然也在鬧離婚！

　　我的意思當然不是老年人就不會出軌，只是怎麼說呢？這整個感覺也太奇怪了。原來她快要七十歲的媽媽原本要跟朋友出國玩，出門才發現護照忘了拿，急急忙忙叫計程車趕回家，沒想到車子開到家裡附近的公園時，竟看到先生跟另一個女人手牽手在公園散步，一向不體貼又大男人的

先生，還幫對方撐著陽傘！

　　原來那個「小三」是 Emmy 爸爸在救國團進修班上認識的
寡婦，他堅稱兩人只是朋友，是怕對方走路跌倒才牽著她，
還說自己已經七十多歲了，下半身早就失去功能，怎麼可
能出軌？

　　可是 Emmy 的媽媽卻像個十八歲初戀少女，氣得離家出走
躲到 Emmy 家，每天喊著要離婚，哭得梨花帶淚，飯也吃
不下、覺也睡不著。有天 Emmy 接小孩放學回家，還發現
向來滴酒不沾的母親，居然從他們家酒櫃裡開了威士忌猛
灌，嚇得她幾乎一步都不敢離開。

　　可是母親整天淚漣漣的，開口閉口就是細數自己這一輩子
如何含辛茹苦為家庭付出，卻要遭受這樣的對待。哭訴年
輕時跟女職員曖昧還不夠，為何一路到老了，以為沒事了，
都退休了還要搞七捻三。

　　「當然要離婚啊！」Emmy 在外地念大學的妹妹完全站在
母親這一方：「媽媽才六十幾歲，起碼還有十幾二十年的

日子，難道要她繼續忍下去嗎？」

「妳不要惟恐天下不亂好不好！」她頭痛地說。

「我哪有？」Emmy 的妹妹居然教訓起她來：「現在都什麼年代了，姊妳還活在十九世紀嗎？妳根本沒有在為媽著想！」

這樣的指責讓 Emmy 非常地委屈，這是自己的親生媽媽，她怎麼可能不在乎？更何況，她正是為媽媽著想，才沒有搧風點火地支持媽媽離婚啊！

Emmy 跟我訴苦時，委屈得眼睛都紅了：「我當然不是覺得老一輩的女人就得忍受丈夫出軌，可是我媽根本就沒有想離婚啊！我爸年輕時做生意一天到晚上酒家，跟那些鶯鶯燕燕牽扯不清早就不是第一次了，她卻還是愛著我爸。嘴上老是喊要離婚，但每次都在等我爸來道歉接她回家。既然這樣，好好回去跟爸爸談一談，看問題究竟出在哪、要怎麼解決，才是最重要的，不是嗎？」

的確，走到我們這個年紀時，是能清楚分辨「真的想離開

一個人」跟「說氣話」是有差別的。

當女人真的對一個男人死心時，她當然還是會哭、會抱怨，但不會再問那麼多的為什麼，反而會冷靜地著手開始盤點自己離開這個男人的各種條件及資產，以及孩子跟自己的未來。

可是反觀 Emmy 的媽媽，雖然不斷放狠話，一下是「再也不回家了」，一下是「離婚從此不管爸爸死活了」，又不斷要她打電話回老家提醒爸爸記得吃慢性病的藥；不甘心回家繼續煮飯，又覺得自己不在時爸爸剛好逍遙地跟外遇一起雙宿雙飛……

其實這樣的狀況，我們都了解。Emmy 的媽媽不過是面子下不來，希望爸爸能追上來道歉、保證絕不再犯。可是說真的，如果沒有找出兩個人的問題究竟出在哪，然後努力去解決，這種道歉和保證又有什麼意義。雖然，我們到後來也會明白，有時候感情的事情一個巴掌拍不響，有時根本沒有問題，就是無解，是彼此相處的一個模式。

到頭來只是妳能接受什麼樣的生活方法、妳怎麼跟另一半相處到老而已。那從來就不是對錯，反而是種選擇。

雖然在我個人的觀念裡，婚姻裡的忠誠是非常重要的事，但我卻很能理解 Emmy 的立場。Emmy 的妹妹畢竟比我們小了二十歲，她爸媽生下她的時候一個五十、一個四十，當時那些年少時期的吵吵鬧鬧，已經緩解很多，Emmy 在學生時期看到的那些母親為了爸爸「紅粉知己」而傷心的畫面，她也未曾看過，所以父親這次事件，對妹妹來說衝擊很大、無法忍受。

但我們十幾二十歲初嘗戀愛滋味的時候，對於感情不也是幾乎沒有「容錯率」嗎？

年輕的時候，我們看著忍受丈夫不忠，或者丈夫對她不好，很多委屈抱怨但卻不肯離婚的女人，總覺得她們是沒有勇氣、是耽溺於習慣，不懂得愛自己。但隨著年紀慢慢變大，我卻逐漸有了另一種感受，那就是——哪有一段婚姻裡沒有「傷害」呢？

這樣的「傷害」，是感到傷心難受、覺得痛苦，想要放棄，或者認真磨合。

　　這樣的「傷害」，是有時候會吵架、會覺得不被理解的那種無奈。

　　接受傷害不是說無論另一半如何過分妳都要忍受，而是我們要明白，兩個人在一起過日子，本來就是跌跌撞撞的，很多時候，並非對方刻意要傷害妳，只是生活就是會有許多磨難和考驗。

　　就像 Emmy 和先生現在看起來感情很好，即使 Emmy 的媽媽住在他們家大哭大鬧，像個低氣壓在家中環繞，但她的先生非但沒有不高興，假日時還會主動說要跟 Emmy 一起帶著她媽媽外出散心。

　　比起許多對老婆娘家事完全不聞不問的男人，Emmy 的先生可說是模範代表，但想當初兩人結婚時，Emmy 的先生是獨子，又非常喜歡孩子，可是 Emmy 偏偏有不孕症的問題，雖然現在醫學發達，但是醫療的過程卻非常地折磨和勞累，

在一次又一次的試管失敗時，Emmy 曾經跟我說，最痛苦的不是身體的不適，而是心理的折磨，她害怕自己就是生不出孩子了。

當時她好希望聽到先生說一句「沒有孩子我也還是一樣愛妳」，但先生卻總是安慰她再接再厲，堅信著努力一定會成功。

先生那急切渴望的態度，也曾讓她感到喘不過氣，甚至，最後試管終於成功，而且是一對雙胞胎兒子，當她先生在高興之餘脫口而出「幸好是男孩」時，讓 Emmy 徹底崩潰了，她哭著鬧著問她先生，難道她就是一個傳宗接代的工具嗎？難道生女兒的話，她就該死嗎？兩個人為此吵鬧了很久。

後來她經歷了非常長的一段產後憂鬱，不善言辭的先生，卻用行動證明對她的愛。他調整了工作時間來配合協助照顧小孩，雖然不懂得哄她，但也常打點好家中一切，讓她能好好休養，也未曾在她不開心時，說出什麼「妳為何不開心點」、「一切都是想太多」，反而鼓勵她去看身心科，把心情調整好。

這也讓她漸漸想通，生活不可能事事美好，她很幸運能完成先生的夢想，孕育孩子也是兩人的幸福，她可以選擇帶著負能量去想，為何先生要一直逼她生小孩，為何一定要她放棄事業專心照顧孩子；也可以去看好的一面，去思索，她本來就不想放棄孩子的成長過程，好彌補自己童年時，父母親為了打拚事業，讓她老是一人在家的遺憾，跟先生一同齊心生活下去。

　　當然在積極受孕的過程中她受傷了，而且是很痛很痛的傷口，可是人的一生中是不可能不受傷的。與其不斷地摳著自己的傷口，讓它腐爛疼痛，倒不如好好繼續過日子，因為愛和時間是會治癒傷口的，即使會留疤，但總是會慢慢地好起來。現在她的先生非常體貼，兩個孩子也很可愛又貼心，曾經過不去的坎都已經變成了過去。

　　看著 Emmy 和她妹妹的爭執，我就像是看到了過去和現在的自己，年輕的時候，我也是一個完美主義者，就像我常常開玩笑說自己是 gone girl，好強又不服輸的我，總執著一定要做到最棒、最好，可是隨著人生的歷練越來越多，我慢慢開始覺得，過度地追求完美、過度地好強，只是讓自

己過得比別人辛苦。

接受不完美的意思，不是說我們要忍受一切的傷害，而是要知道自己的底線是什麼。

以前我看著年紀大的人對婚姻中許多不如預期的事有著很高的忍耐力，總是會忍不住想，這是因為年紀大了，沒有體力、吵不動了嗎？

但等到自己也走到了現在才明白，對許多事情的寬容，是源自對生命的謙卑，因為我們終於慢慢明白，世界上沒有完美、沒有一百分，所以才能以更有智慧的態度，去面對一切不如預期的事。

找回
　　最純粹的自己

母親與女兒的 Crazy Time

2020 年初一場全球防疫大戰，讓大家生活有了不少改變。在家裡跟小孩相處的時間也變多，不切確的疫情走向雖讓人憂心，卻也獲得不少意外驚喜。

上本書《誰說一百分的妳，才是最好的自己》有提到，我跟兩個女兒都有各自的 date night，一方面是要公平給予她們獨處時間，再來是小女孩感情再好，有時候還是有想講悄悄話的時候，讓她們分別表達心底話。

因為疫情的關係，很多地方都沒辦法去，我們的 date night 就暫停，以往習慣的寒暑假旅遊、返美探親行程也暫緩。當只能在家裡跟住家附近有限空間移動時，花樣就要變多。

一開始我還怕會很無聊，變不出什麼新把戲，就只是公園走走，這些古靈精怪的小孩，會不會覺得沒意思。

誰想到，她們卻正式宣布，「媽咪，這真是最近最好玩的

遊戲了！」

我聽了嚇一跳，我還怕常常來公園妳們會無聊，怎麼會覺得「最好玩」呢？一直以來，因為兩個女兒年紀沒有差太多，所以她們很玩得來，也能互相陪伴，常常我只要在旁邊陪著，看著她們打打鬧鬧就好。

最近她們兩個自己發明了一個「ninja 忍者遊戲」，姊姊跑來邀請我一起玩，原本我還想著這麼 crazy 的遊戲，兩個小孩自己玩不是很好嗎？

沒想到姊姊對我說：「媽咪，妳很少陪我們一起玩！」
我很驚訝地說：「哪有？我每一天都跟妳們在一起。桌遊，Lego，畫畫，騎腳踏車，看電影……帶妳們吃喝玩樂！」

「可是妳很少跟我們 go crazy 地玩啊！」姊姊這樣回答我。

這一說才提醒了我。是啊，雖然我跟兩個女兒很親，在外也常說自己是瘋瘋貴婦，但我的 crazy 是專屬吳先生的，而跟女兒在一起時也不會拿出跟姐妹淘玩樂的活潑。可在

ninja 遊戲時，我是真的把自己也當成孩子那樣地玩，跑來跑去、完全不顧形象，玩得滿頭大汗。

後來我發現在玩的過程中，兩個女兒輪流拿著我的手機錄下了畫面，回到家後，她們還一次又一次地看著那些影片，兩個人嘰哩咕嚕笑得好開心。我忍不住問她們說：「有這麼好看嗎？笑成這樣！」她們卻不約而同地再次回答我，這是最近她們覺得最好玩的時候！

在那一刻，我突然有了很深的體會，身為一個母親，我們總是很努力地想要陪伴小孩、替她們安排生活，去哪裡旅行、去哪裡看看世界，可是各式各樣的活動再精彩，在孩子的心裡也比不上媽媽跟她們一起參與她們的生活，因為在那個時刻，我不再是那個嘮嘮叨叨、在一旁提醒著「小心一點」、「不要受傷」的媽咪，而是徹徹底底跟她們成為同一國。

母親總是忙著操心，常常忘了跟孩子一起放鬆。

很多時候，孩子可能想要的是某瞬間，可以一起 crazy，

一起不顧形象、可以笑鬧的媽咪。

光是在旁邊看著的時候，我只覺得這個「ninja 忍者遊戲」不就是孩子們的打鬧追逐嗎？可是直到自己跟她們一起瘋了一把，我才知道這樣肆無忌憚地追趕跑跳多麼有趣。

於是從那天開始，我也會邀著她們一起 go crazy，像是讓她們穿著我的西裝外套、戴著大墨鏡錄抖音跳舞，讓她們有幾分鐘的偷穿媽咪高跟鞋時光；或者一起穿著 T-shirt、短褲，很自在地玩樂，讓她們帶著我，找回我的童心。

從她們身上偷學一些小聰明也滿有意思的，甚至當她們犯錯時，換不一樣的態度去溝通，讓她們感覺到，媽媽知道妳們長大了，媽媽也會隨著妳們一起成長、一起改變。

人的互動是很奇妙的，當妳鬆下來時，一旦不緊繃，也許更能接納許多可能，更多不同的愛跟關心流動著。當妳回歸一個孩子最單純的狀態，陪著他們笑、陪著他們瘋，其實那比什麼都讓他們滿足。

有時候簡單的東西，比絞盡腦汁的點子更無價。

想想，不單是跟孩子，也許這想法，用在更多關係上，都是這樣的。

妳有多久沒跟所愛的人一起瘋，一起笑？

讓自己鬆懈下來當個孩子，去重新擁抱簡單的快樂！

拋下控制狂的呼吸練習

時間真的過得好快，雖然每本書都會提到兩個小女兒的事，記錄她們不同階段的發展，但有時還是會很吃驚，怎麼轉眼之間，連我的小女兒都從走路還搖搖晃晃的小嬰兒，長大到背著書包上學去的年紀了。

想當初千盼萬盼好不容易有了孩子，身為一個媽媽，我不只一次地想著，只要我的孩子身體健康、快樂善良，我就滿足了。從我成為媽媽的那一天開始，我就下定了決心，要給她們滿滿的愛，要讓她們的童年充滿幸福和安全感，絕對不會逼她們一定要考第一名，因為在我心裡，健康快樂的成長比什麼都重要。

以上都是我的真心話，直到今天我都還是這麼想的。雖然我常開玩笑我以前是「虎媽」，但我「虎」的地方，多半是習慣養成的練習。要讓孩子有恆心、準時、有禮貌等，因為我覺得在成長初期，小朋友學習規範很重要，就像我之前書中有提到我很早就讓小朋友試著獨自睡過夜。所以

我曾經以為，那種虎媽逼著孩子寫作業的劇情絕對不會發生在我家！

　　但人算不如天算，上帝真的好愛跟人們開玩笑啊！有次我在陪妹妹寫功課，功課內容是要在十分鐘內造出一個句子，我等呀等的，妹妹就是不開口，一開始我還在心裡告訴自己「不要急，要給孩子時間」，努力耐著性子說著鼓勵的話。可是隨著時間一分一秒地過去，妹妹就是沒有造出句子來，我看著她緊閉的小嘴巴，心裡不知道從哪來的一股氣，甚至心想：妳要拗是吧！那就來啊，看誰比較會拗！

　　現在回想起來，這真的只是一件小事而已，我想所有陪小孩寫過功課的媽媽都知道，在那個當下，真的很容易讓人氣到失去理智！眼看著妹妹就是寫不出來，我忍不住開始碎碎念，音量也越來越大，而在這種情形下，妹妹當然更寫不出來了，就在我終於忍不住要罵人時，我先生跑過來告訴我：「不要說了！妳現在正在生氣，生氣時說出來的話，之後一定會後悔的！」

　　我先生說的一點都沒錯，每一次罵孩子，事後我都後悔得

不得了，覺得自己為什麼不能更有耐心一點呢？明明心裡知道孩子不是故意跟我唱反調，也知道用罵的、用念的一點用都沒有，因為關心、理解和傾聽才是孩子最需要的，明明我都知道，可是為什麼就是做不到？

　　有一次，我跟一位諮商師朋友說起我的困擾，她想了想跟我說：「原生家庭的影響是很深遠的，妳有沒有覺得自己在失去理智責罵孩子時說的話，都很像自己的爸媽？」

　　她的話讓我很震撼，因為我不就是從懷孕的時候就下定決心，絕對不要讓孩子複製我自己的童年經驗嗎？

　　不是說我的父母不好，相反地，他們都非常地愛我，也非常地在乎我，可是以前的年代，沒有那麼多育兒或兒童心理書籍可以參考，更何況父母總是忙於工作，沒有太多時間陪小孩，一旦有空時，總是希望能在最有效率的時間內，把最好的給孩子，相信嚴格的教育才能有優秀的小孩。

　　雖然長大以後，我知道爸媽說的都是對的，也能體諒他們很辛苦，人在外打拚創業，還要分時間照顧我們四個小孩。

但在童年時，確實好希望父母能多陪陪我。而我那麼想要給我的女兒不一樣的童年，努力空出時間陪她們玩、陪她們寫作業，卻在最不設防的時候，在潛意識不知所措時，複製了始終叮嚀自己不要重蹈覆轍的教育經驗。

在那一刻，我下定了決心，我要改變自己的方式。

孩子已經長大了，雖然是在同一個家庭成長，但她們漸漸會有各自的優缺點，妹妹的小聰明、姊姊的拚命三郎，還有愛撒嬌、一板一眼等，都是她們成長的重要養分。

雖然說原生家庭會帶給人們很大的影響，但是我們也有可以自己努力的部分，總不能什麼都推給原生家庭啊。更何況，我和我先生創造的這個家，也是我兩個女兒的原生家庭，如果我不肯改變，是不是將來我的女兒長大了、組織家庭了，也會受到我的影響？

於是我決定，未來當我的虎媽性格又要出現時，我就虎自己吧！

當控制狂的毛病又要犯時，我該練習控制的是自己。

雖然改變自己的個性其實是很困難的一件事，就像我的個性很急、很容易沒耐心，但年輕的時候，心裡多少會覺得「我這個人天生就是這樣子」，也會用「急著把事情做好、做完也沒什麼不對」這樣的想法為自己開脫或找藉口。

不過，隨著女兒的成長，更深知急性子的影響有多大，不僅僅是自己很容易沒耐心、發脾氣，更會影響孩子。人跟人之間的情緒是會互相影響的，即使我自己覺得已經很努力耐著性子，孩子就是能敏感地察覺到媽媽的情緒，當我著急的時候，她也會跟著急，反而更加沒辦法把事情完成。

後來我按照諮商師朋友的建議，調整自己的急性子，可以練習呼吸。

什麼叫練習呼吸呢？就是躺著或者坐著，緩緩地一呼一吸，腦子裡什麼都不要想，只要專心感受自己的呼吸就好。好笑的是，一開始我心想，我這麼急性子的人，要我躺著不動實在太難了，不要把目標訂太高，先從十分鐘開始就

好，但沒想到我根本高估了自己啊！

　　每天早上睡醒時，我躺在床上練習著呼吸，腦子裡就是忍不住開始思考著今天要做什麼，從早上的工作如何安排、一路想到晚餐要煮什麼，想著想著突然意識到自己的腦子根本高速地轉個不停嘛。於是我又趕快把腦子裡那些雜亂的思想趕走，努力地靜下心來呼吸，然後很快的，我又開始胡思亂想了……就在這樣努力趕跑雜念，而它們又鍥而不捨地跑回我腦子裡來的過程中，感覺時間過得好慢，簡直度秒如年，終於我再也躺不下去了，爬起來一看，什麼？才過了三分鐘不到？

　　如今我已經練習了好一陣子了，但還是經常無法做到十分鐘，但卻有了一個挺有趣的發現，就是當我特別躺不住時，只要仔細一想，一定是那幾天我的情緒比較浮躁，可能是事情比較多、也可能是身體有點不舒服；而當我比較能順利地靜心長達三分鐘以上時，通常都是那幾天每件事情都很順利。原來在我急著把所有事情做好的同時，卻忘了每天觀察自己的情緒和身心變化。而好好體驗這些變化，不就是了解自己的第一步嗎？

女兒十分鐘造不出一個句子有什麼大不了呢？我自己也做不到十分鐘不胡思亂想啊！說不定很多人會覺得靜靜躺著十分鐘很容易，不明白我到底為什麼做不到。很多事情，沒有感同身受時，就無法真正地了解。

　　孩子就像是一面鏡子，照映出大人的模樣。有時候，我們學了很多的教育理論，想著要如何教育孩子、要如何給孩子正確的觀念，卻忘了最重要的其實是身教。

　　跟孩子相處的過程中，我常常發現自己的缺點、發現自己有哪些不足的部分，說一句「我這個人就是這樣」很容易，但如果我們努力去改變這些缺點，不僅僅可以讓自己更好，也能讓孩子學到更多，而這或許才是一個母親能給孩子最好的教育。

給孩子犯錯的空間

前幾天錄了一整天的節目，回家時，看到桌上有一張小紙條，上面寫著：「親愛的媽媽，這是我的考試，請妳看和簽名。這是我目前考過最爛的數學考試。我希望我明天做更好（我明天要考試）。我知道我做錯的地方，爸爸有跟我復習明天的考試，不要擔心。」

雖然只是短短幾行字，但當下我的心都融化了，明明自己正懊惱著成績不理想，但卻仍然會安慰我不要擔心，女兒就是這麼地可愛和貼心！

轉眼間大女兒也是念高年級的大女孩了，也開始有了一些功課和考試的壓力，而我最感到驕傲和欣慰的，並不是她的成績有多好，而是她真的知道讀書是自己的責任，會自動自發地完成，不用我一直緊迫盯人。不過就像我在上一本書裡提過的，責任感要靠培養，而培養責任感，最重要的事情之一，就是養成自律的習慣。

這個體悟其實是源自於我自己的童年經驗。還記得我小時候，一來是爸媽工作忙，二來也是抱持著傳統觀念，覺得孩子小時候就是要好好玩，念書是稍大一點的事。這樣的想法出發點當然是好的，但卻讓我在中學時吃盡了苦頭，因為從小沒有養成自律的習慣，等到爸媽開始要求我念書時，根本就坐不住。在大人眼裡，這是貪玩不用功，可其實這就像是沒有運動習慣的人，突然要他跑步，即使只是一百公尺，也會氣喘吁吁啊！

正因為是這樣，兩個女兒開始上學後，我就在家裡掛了一塊大大的白板，寫著兩個孩子每天該做的功課，每當她們完成一樣，就在後面打一個勾。好笑的是，這一塊大大的白板讓每個來我家的朋友都驚訝得要命，紛紛幫我冠上「虎媽」的稱號，可是白板掛久了，兩個孩子慢慢地會開始自動自發地完成該做的事，當她們知道念書是自己的責任後，偶爾放假也不至於玩瘋收不了心。

就像去年初因為疫情的關係，教育部突然宣布要多放兩週寒假，當時我的朋友圈裡所有的父母一片哀嚎，紛紛瘋狂地開始尋找還有什麼課程可以給孩子上，畢竟孩子是會玩

「野」的，兩週假換來的，很可能是兩個月心還收不回來的後果。

所以即使學校還放著假，我還是跟兩個女兒說，假期結束了，雖然還不用去學校，起碼要像上課時一樣做到早早上床、早早起床，她們也乖乖地回復了正常的作息。果然之後學校宣布安排了線上課程時，她們的狀態老早就已經調整好了。

我常常聽到很多做父母的抱怨孩子沒責任感，永遠都丟三落四。就像我有個讀者常常跟我說，他經常在睡前檢查孩子聯絡簿時，才發現明天要帶的東西沒準備，然後他就得大半夜開著車，想盡辦法去找二十四小時營業的超市或店家。他說他也想過是不是要放手讓孩子自主管理，但是一放手的結果就是孩子把事情搞得亂七八糟，還一副無關緊要的態度。

說真的，我了解當父母的心急，但我總是告訴大家，這都是必經的過程，想讓孩子有責任感，父母首先要做的，就是給孩子犯錯的空間。

就像被朋友戲稱為虎媽的我，平時是不檢查姊姊的功課的，畢竟把功課寫好是她的責任，怎麼會是我來檢查呢？只要她跟我說她做好了，我就會百分之百的相信她。當然，小孩子難免會有粗心大意的時候，有時候功課會寫錯、有時候老師交代要帶什麼會忘記，但我覺得那都是比一時的成績更重要的機會教育，讓她從錯誤中學習，知道自己應該加強什麼部分。

　　不過有趣的是，我的大女兒經常在學習進度落後別人時，展現出非常懊惱的一面。比如有一次，她就很不開心地跟我說，她不想學語文課了，因為她覺得自己的作文很糟糕。

　　當時我嚇了一大跳，因為她雖然不是名列前茅，但怎麼樣也用不上「糟糕」這麼嚴重的字眼呀。我趕快問她為什麼會有這樣的感覺，她才跟我說，因為她發現班上有些同學都已經可以看沒有注音的書了，但她卻還做不到。

　　在那瞬間，身為母親的我，心裡有超多的 OS，像是「遇到困難就是要堅持」，甚至是「怎麼可以遇到一點挫折就要放棄」等等，可是這些口號說來容易，但是身為父母，

我們要做的，不只是口頭上對著孩子喊口號，而是要引導她們去尋求解決的方法呀！

說實話，付出了努力卻沒有得到預期的成果，感到挫折是必然的，即使是大人，在遇到挫折時，都不見得能在第一時間弄清楚自己的負面情緒究竟是怕輸、是沒自信、還是其他的，更何況是一個才念國小的孩子？

於是，我壓下了心裡想要講大道理的念頭，告訴自己不要急、也不要氣，而是要好好地和孩子溝通。而溝通，第一個重要的是同理心，所以我立刻告訴姊姊，說媽媽懂得她念語文很辛苦，如果她真的覺得壓力太大，我們可以轉到中階班。

這並不是放棄，而是放慢腳步，千萬不要信口說出類似「這有什麼難的」這種話，雖然有些父母這樣說時是好意，想著要替孩子打氣，但卻會讓孩子覺得自己的感受不被了解，甚至會讓有些比較敏感的孩子變得沒自信，覺得這麼容易的事情，怎麼自己居然做不到？

在同理和安慰之後，讓孩子宣洩了情緒，再來就是引導孩子去思考，分析問題到底出在哪裡。我問姊姊：「妳覺得同學的作文能寫得那麼好，是因為什麼原因呢？」她冷靜地想了想說，她知道那些作文很好的同學，都有同一個家教老師，所以我們一起決定了找這位家教老師上課，而果然，她的作文就慢慢進步了。

當了爸媽之後，我慢慢體會到古代人說的「望子成龍、望女成鳳」的感受，這並不是說當爸媽的都想逼小孩要有大成就，而是很多時候，爸媽眼見著孩子明明做得到、但卻因為各種原因不去做時，心裡真的會很著急。

放棄是容易的，爸媽也不想整天板著一張晚娘臉，可是我們總是會擔心，等孩子長大了，他會後悔小時候放棄得太早、會惋惜小時候不用功。身為父母，我們總是兢兢業業地摸索，一下子想到許多教育書籍上說要尊重孩子的選擇；一下子又顧慮到很多在專業方面有所成就的人回想童年時總是感謝父母的鞭策⋯⋯

到底該怎麼做才是對的？

我想，最重要的是我們給予孩子的陪伴與溝通，讓他們理解「成績」和「分數」不一定是最重要的，而是自己對於學習的態度。這種觀念，並不是靠苦口婆心的說教就可以，更重要的是在一次又一次的經驗中讓孩子去學習和體會，唯有自己經歷了，才會真正地做到。

家中排行影響性格

　　住在台灣二十年，我從來沒想過要上台北 101 的景觀台，但是在妹妹小小的心裡，這卻是她的願望，可我一直沒機會幫她實現。但有天下午姊姊剛好有排別的事，就剩我和妹妹，於是妹妹非常興奮地說：「媽咪，今天我們可以去看 101 嗎？我想跟妳去一個姊姊沒有去過的地方！」

　　那天早上我有拍攝的工作，忙進忙出已經很疲倦了，我本來想推拖，於是對妹妹說：「可是這樣姊姊沒去，我們到時還得再去一次，我們要不要等姊姊一起？」

　　沒想到妹妹卻回答我：「媽咪，小時候妳都有帶過姊姊單獨旅遊，去日本，去香港，也都沒帶我，現在因為病毒的關係，誰知道我們什麼時候會再有機會單獨旅遊？我只不過想去 101 上面看一下！」

　　在妹妹這麼說的時候，我心裡覺得有點驚訝，雖說在家裡姊妹倆感情很好，也偶爾會爭風吃醋，但我從懷了妹妹開

始，就很注意兩姊妹之間必須要公平，沒想到，在妹妹的心裡，依舊還是有感到差別待遇。

或許是因為我自己在家裡的排行是老大吧？從小我就覺得當大姊特別辛苦，甚至可以說是吃力不討好，爸媽總是會要求老大要做榜樣、要照顧弟弟妹妹，可是誰說弟弟妹妹一定要聽姊姊的話呢？

從我離開美國來台灣以後，總覺得自己被兩個妹妹忽略，因為她們住在同一個城市，有事好商量，往往我聽到消息都已經隔了好幾天。

像前一陣子二妹搬了新家，身為姊姊的我，當然得送她一些新居落成的賀禮，可是人在台灣的我，從沒去過二妹的新家，怎麼知道要送什麼好呢？於是我打電話找三妹商量，三妹說二妹的新家好像還沒有買餐桌，當時我就對我三妹說，請她去挑桌，然後我們一起送給二妹。

沒想到隔沒多久，有次我和媽媽視訊時，媽媽剛好在二妹的家裡，我眼尖地發現居然已經擺了餐桌，詢問後才知道，

那張餐桌是三妹送給二妹的，那當下我真的覺得有點不開心。明明已經講好的不是嗎？為什麼事情都變了樣？

當然我知道她們不是故意的，畢竟我二妹從沒有想過要從我這裡要東西、三妹大概也只是覺得反正我人在台灣，現在又因為疫情阻隔，什麼都不方便，她們自己能解決的事，就不必麻煩我。可是身為姊姊的我，哪裡會覺得幫妹妹買禮物是麻煩呢？

我也知道，她們早已經是成年人了，很能夠照顧自己了，為何我不樂得輕鬆，乾脆不管呢？可一來她們是我的家人，無論如何我都不可能不關心，二來就像許多心理書籍說的，家裡的排行會影響人的性格，而身為老大的孩子，在弟妹出生後，多少會覺得父母的關愛被分走了，於是，多數的老大都會在弟妹出生後變得更成熟、更有責任感，甚至會幫忙照顧弟妹，因為唯有這樣做，爸媽才會把關注的焦點從新生兒移到老大身上，誇獎老大很乖、很懂事。

這種性格的改變，是會跟著我們一輩子的，就像現在的我，的確很有責任感，但也常常有責任感過頭，變成控制

欲，累了別人，也累了自己。

　　當老大的人都會覺得自己比較倒楣，但老二也有老二的辛苦，比如小時候總是撿大姊穿剩的衣服、玩剩的玩具、總是被大姊管⋯⋯可我是老大，自然會比較站在老大的立場想，直到這天因為妹妹的關係，我才了解老二的心思。

　　我帶著小女兒上了 101，看著她開心滿足的神情，才突然明白了一件事，原來當老二的辛苦，或者說委屈，是老二永遠不可能擁有「父母第一次」的驚喜啊！

　　因為看了教養書上給的建議，從小我就特別關注姊妹倆的情緒，不要讓妹妹覺得什麼都是拿姊姊不要的，或是讓她有姊姊用不到了，她才能輪到了這種感受。

　　出國買禮物或過生日的時候，絕對一人一份、不會忽略任何一個，兩個人東西可以共享時，也會好好教育她們，這是姊妹們共同分享，是一家人之間的親密關係，不要讓她們有誰被排在後面這樣的想法。

可仔細想想，即使我特別注意，讓姊妹倆感受到一樣的愛，但在心情上卻是不同的。

就像老大剛學會走路時，身為新手媽媽的我又激動又感動；而老二學會走路時，雖然我也很高興，但畢竟有了經驗，自然而然就不會像第一次一樣興奮或是緊張。

每件事情都一樣，老大第一次上學、第一次跟同學爭吵、第一次生病……沒有經驗的我都如臨大敵；而到了老二身上時，自然就冷靜很多，而這樣的差別看在妹妹眼裡，是否也會覺得我偏心，才會對姊姊的事特別在意？

於是有天睡前，我和妹妹聊起了這個話題，一向比較少表達自己意見的妹妹，難得地說出了許多自己的想法，她說：「我是最小的啊！最小的永遠要聽從大的！妳知道嗎？在外婆家裡妳是大姊，所以妳不懂！當妹妹的好處是很多事情我會從姊姊那裡聽說，所以當我遇到時，我已經了解要怎麼辦了。但是，當妹妹也有很多壓力！」

我：「上面有姊姊教會妳很多事很好，妳有什麼壓力？」

妹妹：「有啊！姊姊做的事都是對的，不管她對我說什麼、做什麼，我都要聽她的，因為她比我大，我都要尊重她！可是她有的時候也不對！然後，妳和爸爸都把姊姊的所有事當大事，因為她是第一個，你們的第一次都是跟她！當我遇到這些事就不是你們的第一次了！大家所有的注意都在第一個小孩的身上！因為第一個小孩有很多 feelings、很多事，該我有 feelings 的時候，你們都說沒事不要想太多！我都在旁邊看！然後我還要被要求跟姊姊做一樣的事！可是我比她小啊，為什麼我要被要求跟她一樣？ It's not fair ！」

　　她很認真、很投入地說著她的立場，而我一邊思考著，她講的也沒錯。確實，我自己也是大姊，所以我從沒體會過當妹妹的心路歷程。很多時候，父母都把老二當作理所當然，當我們經歷過老大的第一次，我們就把整套 SOP 套用在後面小的身上，我想，這是一種當父母很常見的疏忽吧？尤其如果家裡的孩子們是同性別，就越容易感受到被比較的壓力。

　　當父母真的不容易，有的時候我這個媽咪也覺得自己怎麼做都不對，好累！哈哈！

但我覺得只要靜下心傾聽小朋友要跟我們說的話，我們就可以更了解他們需要什麼。而且很妙的是，他們的童言童語時常會蹦出很多妳沒想到的常理，這裡面都蘊藏了不少小智慧。

我想，人生就是不斷地學習，即使是第二個、第三個小朋友，我們依舊有許多新功課，而這一切的學習，不僅是為了孩子，其實也是為了自己，就像是妹妹的言語，解開了我自己童年的心結一樣。有時候，我們就是得永遠抱持著求知求變的準備，畢竟理所當然的態度，不僅僅是婚姻的殺手，也是所有感情的絆腳石。

少女養成記

「Mel，妳覺得我到底該不該讓女兒轉學啊？」

前幾天晚上，我的朋友 Becky 非常苦惱地打電話給我，剛升國中、進入青春期的女兒，瞬間像是變了個人，讓她煩惱得不得了。幾年前，她女兒還是個非常害羞可愛的小女孩，就像媽媽的小尾巴似的，走到哪裡都黏著媽媽，可沒想到原本害羞的女孩卻開始變得意見多多。有主見是好事，但現在根本是唱反調。唱反調就算了，還什麼都不肯說，學校電話三天兩頭打來，一下子是女兒違規帶化妝品到學校、一下子是上課時偷用手機，氣得 Becky 不知道該怎麼辦才好。

直到前幾天，女兒回家後就反常地關在房間不肯出來，Becky 好說歹說、說到後來失去理智破口大罵，女兒才終於把房門打開，然後她才發現，女兒居然沒跟她說一聲，就跑去打了好幾個耳洞！

「女生都是愛漂亮的嘛。」我安慰 Becky：「耳洞只要不戴耳針，也是會慢慢自己合起來……」

「那根本不是重點好不好，妳自己也有兩個女兒，妳難道不知道我在擔心什麼嗎？」Becky 苦惱地說：「我好好講她不聽，用罵的也沒用，還是我應該把她轉去嚴格一點的私立學校？」

我當然知道 Becky 在擔心什麼，無論生男生女，做母親的一輩子都會為小孩擔心煩惱，可總覺得女孩子還是比男孩子容易吃虧，尤其是十幾歲的少女，稍微不謹慎，萬一出了什麼錯，連想都不敢想。

像我們家姊姊，如今也越來越大，越來越有主見，常常看著她，就在想，怎麼從一個牙牙學語什麼都要問媽媽的小黏人精，一轉眼就也快要步入少女的階段了。

姊姊從小就對舞蹈或藝術類的方面很感興趣，很樂於見到孩子發展自己的喜好、發揮天賦的我，也因此幫她報名了舞蹈課。姊姊每一次上課都非常開心，學會了什麼新的舞

步時也非常雀躍，很多時候在家裡，即使只是轉個身，都能看到她用一種跳舞的律動在進行，時不時抖個肩膀、甩個頭髮。

直到有次我看見她在餐桌旁轉身時甩了下頭髮，我遠遠看著她，突然驚覺到「天啊！我的小 baby 即將要變成一個大女孩了」，還記得沒多久前，她邁動著肉肉的小短腿伸長了手，喊著「媽咪抱抱」，可是現在，那肉肉的短腿已經抽長，雖然還是稚氣的臉蛋、還是經常喊著「媽咪媽咪」，可猛然一瞧時，居然已經有了少女的樣子了！

在那一刻，我心裡冒出超多雜亂無章的想法，有高興、有感動，但更多的是擔心，甚至恐懼，我想我可能被 Becky 的故事嚇壞了。

可是仔細想想，姊姊又沒有做什麼，也不過就是甩個頭髮，而且是在家裡啊！她不過就是跳了一支女團的舞，又沒什麼關係，我何必自己嚇自己。

面對一個即將從小孩變成少女的女兒，父母的心裡其實是

有許多的擔心的。像我的成長期，雖然父母有很多觀念還是非常保守，但畢竟我們住在美國，對比許多歐美少女的早熟和大膽，青春期的我簡直像個黃毛丫頭似的，我的爸媽在這方面反而比較不擔心我。可當我回台灣住後，和許多在台灣長大的朋友聊天才發現，當她們青春期時，父母都管得非常嚴厲，如果她們稍微愛打扮一點、穿條比較短的褲子或裙子，簡直就像犯了什麼大錯似的。

在成長的過程當中，所有的孩子在進入青春期時，都會想展開翅膀，探索保護圈以外的世界。尤其在網路世代成長的孩子，所接收的訊息，跟我們成長過程都不太一樣，而且更多、更廣。

所以現在當父母的我們，與其無謂的害怕，想要用嚴厲的言語去限制規定他們，還不如給他們一個適當的空間發展，去展現自己。

人們常說「女兒要富養」，有人問我同不同意，而我的回答是：「女兒要富養，但是『豐富』而不是『財富』」。

身為父母的，應該要給女兒豐富的見識，和內在感情的支持，而不只是錦衣玉食的溺愛。

就像我常說，女人要有自己的興趣和愛好，那是我們成就感的來源。可是如果沒有多方接觸，我們怎麼會知道自己對什麼感興趣？所以，我一直以來都很努力帶著女兒體驗世界，去理解世界的廣大與多元，無論是各種的休閒活動，或是各式各樣的文化。

我希望，在這樣的過程中，不是成為什麼都說「不」的母親，而是成為一個讓她們知道，什麼是「好」，還有怎樣才是「好」的母親。在這樣的過程中，讓她們去做出正確的思考與判斷，勇於表現，也懂得自我保護。

而內在感情的支持，就是無數的愛和無盡的鼓勵。

有時和有兒子的朋友聊天，發現女孩的內心是很敏感的，或許這是一種天生的女性特質，相較之下，大部分的女兒就是特別在乎其他人的一舉一動、在乎其他人的看法和評價。不是說要慣著女兒，不能管也不能罵，而是要更加注

重方法，不要在情緒上來時說出很多口不擇言的話，因為孩子的心靈是很脆弱的。

像我的小女兒曾經有一次問我：「媽咪，妳覺得我長大以後會不會結婚生小孩呀？」我回答她：「媽咪不知道。無論妳要不要結婚生孩子，媽咪只希望妳能過得快樂、自在。」

她還是個小女孩，這樣的答案她當然聽得似懂非懂，可是我還是又再一次地，感受到不久的將來，我家即將面臨「吳家有女初長成」的狀況。

我希望從小就讓女兒深知溝通的重要性，所以無論她們幾歲，只要願意溝通，願意讓我感受她們的情緒、想法，我永遠會第一時間，不厭其煩地去聆聽。

看著一些家有青春期女兒的朋友們，每天操心煩惱，一方面驕傲吾家有女初長成，一方面又擔心女兒太早熟，我也感同身受。

可是孩子總會長大，我們不可能保護她們一輩子，與其一味地禁止，倒不如從小培養她們自信和自愛，讓她們懂得怎麼保護自己。

　　至於其他的，或許等到她們青春期時，那時的我，會有另一階段，更深的領悟。身為母親，身為女人，也是永遠要抱持著學習的心，給予家人滿滿的愛與支持，持續往前啊！

能夠獨立，也要學會撒嬌

「啊～～～爸比回來了～～～～」

每一天晚上，我們家都會發生一種類似於「追星」的場景，只要聽見吳先生開門的聲音，大女兒就會發出興奮的尖叫，然後衝到吳先生身邊，當然了，吳先生也是滿心歡喜。在那個時刻，他們兩個人眼裡都只有彼此，別人完全進不了他們的小世界。

這種情景坦白說我老早就已經習慣，畢竟大家都說女兒是爸爸上輩子的情人，跟爸爸撒嬌是理所當然的。譬如前幾天吳先生回來時，姊姊像平常一樣尖叫地衝過去抱住了她爸爸，這種情形每晚都在發生，原本我也不以為意，沒想到姊姊偏著可愛的小臉看了看吳先生，突然跨坐到他的大腿上，一手勾著爸爸的脖子，一手輕輕地撫摸著吳先生的頭髮。

「爸比，你剪頭髮了嗎？好帥喔～」姊姊說。

「對啊，只有妳看得出來。」這是吳先生的回答。

「嗯嗯，因為我每天最注意的就是你啊！」姊姊接著說，然後把頭靠在吳先生的胸膛上，兩個人就這樣你來我往，眼睛裡充滿了愛心。

我在旁邊看著，白眼都快翻到後腦勺了，姊姊這麼會撒嬌，到底是去哪裡學的呢？我自認沒有這種能力，而妹妹雖然也會跟吳先生撒嬌，但也沒有這麼誇張，難道撒嬌真的是一種與生俱來的天分？

於是晚上要睡覺時，我忍不住問吳先生說，姊姊這麼會撒嬌，到底是跟誰學的啊？

「她那不叫撒嬌！」沒想到吳先生義正嚴詞地回答我：「她那是自然而然的，是真心的，心裡想什麼就表現出來而已。」

當吳先生這樣說時，我忍不住臉上掛了三條線，心想男人果然會吃這套，可是再仔細一想，卻發現他說的也沒錯啊，姊姊小小年紀，這些舉動完全是發自內心的，她是真心地

很愛她爸爸、真心地覺得爸爸很帥。

　　小時候撒嬌對我們來說是很自然的，可逐漸長大後的我們，為什麼卻漸漸失去了這種能力？

　　我想起有個女強人朋友 Vivi，一直以來都給人一種精明幹練的形象，不管是在工作上、家庭上，都讓人感覺她很扛得住。當然，她真的是很厲害的人，可是再厲害的人也會累、也會倦，在別人眼裡她是能者多勞，但她自己卻常常覺得被各種事情壓得喘不過氣來。於是有一天，她下定了決心，不想再逼死自己了，當一些不屬於她的責任又被推到她頭上時，她說：「這個我不擅長欸，可不可以叫別人去做？」

　　一開始，她只是不好意思直接說「我不想做」，所以才選擇了說「我不會」，沒想到，當她開始說「我不會」、「我不擅長」，甚至「我做不到」時，不僅減輕了她許多壓力，也讓她的人際關係有了變化，連一向用尊敬、敬畏的眼神看她的同事，也開始會跟她開玩笑了。

　　她才發覺，適時地示弱其實會讓自己變得更好相處，因為

當妳願意在別人面前展現柔軟的一面時，別人自然也會用溫柔的態度對待妳。

不是說要我們要故意假裝自己很笨，而是說我們要能夠誠實地示弱，再厲害的人也有不擅長的事，就像 Vivi 的能力雖然很強，但是若要說到文書處理，她肯定比不上一個熟練的秘書；若要說做帳，隨便一個會計也做得比她好。

當然，她的能力擺在那裡，如果她願意去學，肯定也是能學會的。但這也許就是真正的問題所在，當我們努力追求當個獨立的女人同時，是不是無形中散發出一種「什麼事我都能自己搞定」的氛圍，當妳不給別人表現的機會，別人要怎麼幫妳呢？當妳什麼事都能做到時，妳自然多多少少會看那些這也不行、那也不會的人不順眼。慢慢地，妳的能力強，在別人眼裡就變成了高傲，妳的獨立在別人眼裡就變成了難以親近，而這難道是妳要的結果嗎？

所謂的「會撒嬌的女人最好命」，並不是要妳裝柔弱或裝可憐，而是真誠地展現自己討喜的那一面，哪一面討喜呢？當然是柔軟的那一面。

當妳願意把自己柔軟的一面展現給別人看時，別人會感受到妳的信任，自然而然地也會敞開真心去信任妳，當身邊的人都願意用真心對待妳時，妳當然是好命的。所以女人要能獨立，更要能溫柔，懂得撒嬌，也是一種溫柔的呈現。

chapter —————————————————5

About   Love

當妳遇到適合自己的人時……

我的朋友 Cecil 最近戀愛了，看著她沉浸在愛河裡的幸福樣子，真是為她感到高興啊！畢竟在茫茫人海裡要找到適合的人本來就不容易，更何況我們是有點年紀的人了，都有很明確的主見，而當一個人的自我越來越完整時，某方面尋找對象是更不容易，畢竟我們已經很清楚地知道自己要什麼、不要什麼，再也不是年輕時被愛沖昏頭的樣子。

可是有趣的是，當有次我們聊天時，Cecil 說起她和另一半的事，我卻越聽越覺得怎麼有點怪怪的，畢竟她的另一半討好她或者照顧她的方式和花招，都不像是一般男性會使用的風格呀！我忍不住開口問她，Cecil 才笑了出來，說：「我忘記跟妳講了，我的另一半也是女生。」

在那一瞬間，我真的有點驚訝，當然我知道愛是不分性別的，可是據我所知，Cecil 從年輕時交往的都是男性，不僅僅如此，她還一向偏好那種看起來很 man，甚至有點大男人主義的類型，怎麼會突然跟女生交往呢？而 Cecil 告訴我，

她自己也覺得不可思議，因為她是先覺得對方很棒、很值得欣賞，在一起之後更覺得這個人的想法和許多習慣都和自己很 match，或許是因為一切都太順利，幸福到她根本沒有去思考這些，直到兩人交往一陣子穩定後，Cecil 開始對周遭親友公布自己的新戀情，才在別人驚訝的眼神中發現，對耶，自己怎麼有了這麼大的轉變？

後來想想，或許這是因為我們變成熟了吧！當我們的內心成熟到足夠強大時，慢慢地就會開始掙脫許多框架，因為我們找到了做自己的勇氣。

我們每個人都是在許多框架中長大的。比如說小時候，大人很容易要求我們「女生就要淑女」或者「男兒有淚不輕彈」，這是性別的框架；又或者念書時，覺得女生就是天生數理不好、不該念工學院，而男生就該 man 一點、不該去學美髮或服裝設計⋯⋯這一類的問題，而奇怪的是，雖然每個人都會抱怨著別人拚命給我們套框架，但我們自己居然也經常給自己設框架！

比如說很多女生在戀愛時，會非常堅持要找年紀比自己大

的對象，覺得男生年紀大才夠穩重、才懂得照顧另一半，可是誰說在一段關係裡，比較穩重的那一方不能是女生？更何況，愛妳的人就會願意學著照顧妳，若是不愛妳，就算他年紀再大，又有什麼用呢？

這些莫名其妙的條條框框，常常限制了我們的可能性、甚至扼殺了我們的許多機會。年輕時的我們，雖然不見得不明白這些，但說坦白話，就像鴕鳥在遇到危險時總將頭埋在沙子裡一樣，框架就像是一個籠子，它既是一種限制、卻也是一種保護，年輕時的我們，不敢設想其他選擇，總是提不起勇氣走出來。

就像我的另一個朋友 B，年輕時曾經和一個男生非常相愛，可是她的家人卻極力反對，因為那個男生的職業是業務員，經常需要交際應酬、人也非常活潑。而 B 的父母非常傳統，認為結婚的對象就是要越老實、越穩定越好，總是動不動就要求 B 分手，老是警告 B 說「戀愛時男生都會對妳很好，那些都靠不住，結婚以後妳就知道」。B 雖然一方面覺得父母的那些觀念都是偏見，但內心深處也會害怕和動搖，更何況對方的異性朋友真的不少，所以最後，她

還是跟對方分手了。

　　後來她嫁給了父母滿意的對象，婚姻也不至於說不幸福，但是她和先生沒有什麼共同的興趣，有些時候她總是會忍不住想起婚前的那個男友，那時她才突然醒悟，對方雖然有很多異性朋友，但從來不會到處搞曖昧；雖然經常應酬到很晚，但總會主動報備；對方雖然很活潑，但是該有的責任心、分寸，一點都沒少。兩人當年分手的原因，根本不在於對方的交際圈上，而是年輕時的她，被那些條條框框給綁架了。

　　當然，掙脫框架不是那麼容易的事，別說是親朋好友，甚至還有許多不相干的人也喜歡指手畫腳、發表意見。

　　每個人都想獲得幸福，所以我們總是常常嚷嚷著要找到好男人，可是什麼樣的男人才叫好男人呢？我想，每個人適合的對象都不一樣，好男人除了最基本的道德和責任感……之外，最重要的是要彼此談得來、要彼此有共同目標、最基本的價值觀相符……而這些事情，和外貌、年齡、職業、甚至性別都是無關的。

看到 Cecil 如今臉上經常掛著快樂的笑容，我才明白，幸福，是來自於找到那個適合妳的好人，這個好人的職業不重要、外表不重要、家世背景不重要、性別也不重要，他們的言論更加不重要，唯一重要的，是我們都要有勇氣，才能緊緊抓住屬於自己的幸福。

男人都是可愛的黃金獵犬

前幾天看到朋友在臉書上分享了一張古早味飯糰的照片後，我就開始嘴饞，想說改天去買來試試，可是早上弄完小孩後，時間就來不及了，吳先生知道了之後，突然很 man 地丟出了一句：「我去幫妳買！」

那時候才早上六點半而已，而且賣飯糰的攤子又不是在我家附近，還沒有明確的地址，吳先生就這麼帥氣地出門了，一路跟我視訊確認，直到終於找到 PO 文中那位賣飯糰的阿姨。最後，飯糰送到我手上時還是熱騰騰的，我的心也跟著暖了起來，幸福真的是簡單的小事堆疊出來的。

仔細想想，男人和女人之間的關係，很多時候就是女人一個口號，男人一個動作；男人做到了，女人就要懂得給他們很多讚美和讚歎，皆大歡喜。所以當別人問我，結婚十多年，有沒有什麼馭夫術，我都說，妳就是把妳的男人當成可愛的黃金獵犬。

沒錯，結婚這麼多年來，這是我深深地體悟。因為男人無論幾歲都很有童心、太開心就得意忘形地闖禍、很需要被誇獎、必須用鼓勵代替責罵，以及最最重要的一件事，就是當妳要求他們做事時，指令一定要明確、目標一定要清晰，因為講得太複雜，他們聽不懂！而且，妳要好好照顧他啊！

說起來很好笑對吧？但我真的發現就是這樣，就像吳先生，他明明很疼我、對我很好，可是很多時候，我還是被他氣個半死，後來仔細回想，發現每當我抱怨或是心情不好時，他總是特別容易惹火我，一方面是我自己心情不好，二方面是我發現女人在抱怨或講述心情時，我們往往自以為表達得很清楚，但男人都很目標導向，他們不是不在乎妳，相反地，就是因為在乎，所以很想解決妳的困擾，可是在女人充滿情緒起伏的傾訴中，男人是抓不到重點的，所以他們常會問「那妳現在到底要怎樣」？

但女人哪裡有想怎樣呢？我們只是想傾訴、想被安慰，但是男人有的時候真的就是無法理解，就像妳如果對自己養的狗嘰哩呱啦地講一大堆，牠根本不知道妳要做什麼，倒

不如給牠一個明確的指令，牠就會知道那是妳想要的。

　　有趣的是，女人卻常忘記了這一點。

　　就像很多女人常常抱怨，戀愛時男人都對妳很好，妳說什麼他就做什麼，但結婚之後就常常叫不動了。到底是他變了，還是我們變了呢？

　　就像我有個朋友 Ivy，就曾經因為這樣的事跟老公大吵了一架。那一年，她生下一對雙胞胎女兒，新手媽媽一次帶兩個孩子，常常忙到昏天暗地，她老公其實是心疼她，一片好意地在她生日那天，買了一個她以前最愛吃的巧克力蛋糕和一束花，祝她生日快樂。

　　這樣的事如果是發生在戀愛時，Ivy 一定會覺得很感動；可是在婚後，Ivy 卻覺得很無奈，當時在餵母乳的她，很多東西不能吃，更何況是巧克力？

　　更別提每天從睡醒忙到睡著的她，連找出個花瓶把花插起來的力氣都沒有。當然，她知道那是老公的一片好意，還

是很努力裝出開心的樣子，但是當她抱著哭不停又哄不睡的女兒，而老公還一直催她快點去吃蛋糕否則等等融化了就不好吃的時候，她終於爆炸地對老公大吼，「你以為自己還是二十出頭的小男孩嗎？成熟一點、有點當爸爸的自覺好不好！」

果不其然大吵之後，連續好幾年，她生日時老公再也沒表示。隨著時間過去、她也更成熟後，才理解男人的本性就是這個樣子。有次我們聊起這件事，我說男人就像隻大笨狗一樣，Ivy 點頭如搗蒜地說一點都沒錯，她先生當年的行為，就是如此，看著她很忙很累，想要討好她、引起她的注意，但方式完全不對，就像是咬著球過來拚命地吵、搖尾巴的黃金獵犬。

像 Ivy 的先生，即使結婚生子了，仍沿用戀愛時討好女友的方式，是少根筋。我也聽過很多女性朋友抱怨，每到節日的時候，老公們就是擺出一副「喔，又來了」的樣子；如果打算吃飯慶祝，餐廳還得要老婆訂，如果想趁機出國旅遊，機票飯店也都要等著太太安排。不過還願意做做樣子，也算很有誠心了，更有一些人是不聞不問，不理不睬。

　　　　　　　　　　　　　　　　現在的妳，在哪裡

男人常常嫌女人麻煩，可是，兩個人朝夕相處，本來就是一門學問。

男人這種敷衍的態度，總讓女人哭笑不得，覺得先生都結婚生子、是個爸爸了，怎麼還像小孩子一樣，撥一撥才會動一動？可是男人好像很容易這樣。女人時常說自己要的幸福很簡單，不過我越來越覺得，男人要的幸福才更簡單呢，他們要的就是下班回家後，可以躺在沙發上看電視、可以週末假日去打球。

不過，我們也要相信，男人也是會慢慢進步的。就像往年遇到我生日都如臨大敵的吳先生，今年卻送了一份讓我很感動的禮物。我打開包裝時，發現裡頭有甜的糖果、苦的巧克力、酸的蜜餞，還有很辣的辣椒，吳先生在一旁補充說，結婚這十幾年來，我們經歷了各種的酸甜苦辣，希望未來也能繼續互相扶持。

男人都是大男孩，自己過著自在而沒有壓力的人生，直到遇到會讓他定下來的那一個女孩。他牽著她，充滿抱負和理想的走向未來，想著自己往後要如何為了他們的將來好

好規劃。當爸爸應該是每一個男人人生的大事，也是真正要扛起責任的開始⋯⋯大男孩內心再怎麼任性也要轉大男人了。

當爸爸不容易，肩膀要夠寬厚，心要夠大，才能帶著他的一家人過上屬於自己幸福的小日子。沒有人天生就懂得如何當父母，男人或女人都一樣，得一步一步，憑直覺，靠學習，經歷挫折⋯⋯然後長智慧。我們常常讚歎為人妻、為人母多不簡單，但我們時常也會忽略為人夫、為人父也是很辛苦的。

就讓我們成為專業的馴夫師⋯⋯不對，是成為體貼的好太太吧！

那些「前任」教會我們的事

　　妳有沒有想過，如果有一天，妳和另一半走在街上，突然巧遇了前任，會是什麼情景呢？

　　女人心裡都有許多小劇場，而「與前任相遇」這一齣，我覺得每個女人心裡都曾經無數次幻想過，而且在我們的幻想畫面裡，我們出場時一定是美美地、優雅地，非常有氣質而且態度大方地跟對方 say hi，寒暄後揮揮手不帶走一片雲彩地離去，留下一個優雅又難忘的背影讓對方仰望。

　　不過，幻想是美麗的，現實總是殘酷的。我就曾經和吳先生在吃飯時，遇到了他的前任，那時候的我，非但一點都不美，恐怕還是人生中數一數二邋遢的狀態。因為那時候我正在懷孕的後期，肚子超級無敵大，走路像企鵝一樣笨重，更慘的是，當時我連腳都腫到不行，只能穿著很醜的拖鞋。於是，胖得像企鵝一樣的我，看著吳先生的前任優雅的身影，心裡一把火就這麼莫名地燒起來了！

「你說！她為什麼要刻意叫住你，跟你打招呼？是不是看我懷孕胖成這樣，故意要來看我很醜，讓我看到她很美？」沒錯，本來就很 drama 的我，再加上孕期的情緒波動，在那個當下立刻就抓狂了，不講道理地胡鬧了起來。吳先生也知道孕婦本來就很容易發脾氣，還體貼地安慰我像顆 M&M's，雖然肚子大大但四肢細細，看起來很可愛，一點也不醜。

當然，那時候的我其實也不是真的生氣，更多的是撒嬌，畢竟懷著孩子身體不舒服，更容易鬧情緒。

而風水輪流轉，遇到吳先生的前任時，我如此邋遢，那遇到我的前任時呢？幾個月之後，我和吳先生在餐廳吃飯時，遇到了我的陳年往事，那是年輕時純純的愛，畢業後又非常少聯絡，突然碰到，對方當然非常熱情地過來打招呼。這麼多年過去，對方看起來更成熟、更帥氣、身材練得更好了，而我呢？那時我剛生完孩子，正是一天要餵好多次奶的時期，因為容易溢乳，穿得非常隨便、又因為餵奶肚子很餓正在埋頭猛吃，當對方叫我名字時，我抬起頭來，嘴裡還塞著一大塊胡蘿蔔，說有多醜就有多醜！

等對方離開後，吳先生酸酸地問我：「那是妳前男友吧？剛剛為什麼不幫我介紹？」我想到自己居然在這麼狼狽的狀態下遇到前任，當然又 drama 了。

於是我對吳先生抱怨，餐廳這麼多人要怎麼介紹？而且我剛餵完奶很餓、孩子又在旁邊，不快點吃完回家，孩子等等說不定又會哭鬧……念了一大堆，總之，不小心在路上遇到前任時，夫妻之間小小的拌嘴是免不了的。

每個人都有過去，尤其現在的人越來越晚婚，誰在婚前沒有幾個前任？而我們對另一半的前任，一開始肯定會覺得好奇，甚至會有一點嫉妒，最後再到視若平常、覺得那就是一段過去，沒什麼大不了，這樣的心態變化，關鍵是什麼呢？我想，就是成熟了吧。

有句話說，女人永遠在尋找 Mr. Right，而男人永遠在尋找 right timing，這句話真是一點也沒錯。

大部分的女人從很小的時候就會開始幻想，自己將來長大了，要找一個什麼樣的男人，談一場什麼樣的戀愛，但是

這就有點像是買鞋子，好看的鞋子，很可能會咬腳，在一次次的受傷或失望後，我們才慢慢摸索出自己到底適合什麼樣的人。而男人在每個階段要的都不同，年輕時，他們可能想要長得很漂亮、帶出門很有面子的女朋友，再後來，可能想要不會管他、可以讓他自由自在的對象，直到他們有天想定下來了，又開始尋找適合當太太的另一半。

我們和前任之間，沒有走到最後，並不表示那一段感情是沒有價值的，每個人都是從幼稚慢慢變成熟的，尤其男人和女人天生就有很多地方不一樣，無論是想法還是表達方法，都大相逕庭。所以很多人在多年之後回想起自己和初戀的那些爭吵，都有一種覺得好笑又溫馨的感受。即使當年的傷心和憤怒都是真的，可是回想起來，就像是自己小時候為了一個壞掉的洋娃娃傷心哭泣一樣，年輕時覺得過不去、甚至導致分手的結，放到現在來看，可能根本就不算什麼。

這樣的成熟和豁達，是透過一次又一次的訓練得來的。每一個前任，都是我們的訓練師，我們從中學習到男女的相處之道，從中一次又一次地了解自己到底要什麼，甚至可以說，如果當年妳沒有遇到那個人、沒有跟那個人談戀

愛，現在的妳就不是這個樣子了，就像電影《北非諜影》
（*Casablanca*）說的：「你現在的氣質裡，藏著你曾讀過的書、
走過的路，和愛過的人」，我們甚至可以說，是前任成就
了現在的我們。

如今我已經結婚十多年了，也從少女變成今天的自己。回
首看到以往的戀情，像是一幕幕年少輕狂的故事。

生命就是過去造就現在的我們，隨著人生淬煉，有一天，
我們都會覺得對方就是一個「曾經」。

如果當時沒有他們，現在，我們會是什麼樣子？

也許我們受傷過，也許我們不愉快過但是，能夠在茫茫人
海中相遇，並且互相愛過，不也是一種緣分嗎？這種豁達，
需要時間去沉澱，但無論回憶是好是壞、是傷心還是甜蜜，
我們都從中得到了許多，那些前任豐富了我們的人生。

今天讓你當大爺

Never say never ！有些妳年輕時壓根沒想過會愛上的事，最後竟然越做越喜歡，就像下廚。

還記得我在上本書中提到，兩個女兒年紀還小時，我怕她們吃到太多添加物或調味料，基本上都自己動手煮。可當年我的廚藝不怎麼地，還被嫌棄過。而這樣的事情，不服輸的我怎麼可能接受呢？我相信天下無難事，只怕有心人，為了煮出好吃的飯菜，如今的我，會在家裡發酵麵糰、做饅頭，my god ！要是二十歲的我，怎麼會相信有這一天？

因為疫情的關係，待在家裡的時間多了，我的廚藝竟然，又升級了！還記得我奶奶從小跟我講，一個女人，一定要會十道拿手菜。而我奶奶的廚藝非常了得，小時候的我覺得根本不可能追上她，十道拿手菜好多喔！可今年過年，我恍然大悟，居然真的快練出十道拿手菜了！

喜歡下廚的人都知道，當妳廚藝升級的時候，就是到了希

望親戚朋友來家裡見證妳功力的時候。於是從這兩年的年夜飯，我開始自己備料做菜，開戰了。

而夫妻之間也很奇怪，當太太會做菜時，先生就很愛在家裡請客、吃飯，命令妳做東做西。

和家人朋友一起吃吃喝喝、笑笑鬧鬧，是很開心的事。不過我相信所有會煮飯的人都很清楚，雖說是家常的晚飯，但要準備一桌子菜，肯定要從一大早開始準備啊，更何況這是我在這些朋友面前第一次大展身手。

於是我從前一天晚上就開始做前置作業，請客當天，更起了大早，先到菜市場去買魚買肉，準備各種材料，足足從早忙到晚，根本就是在廚房站一整天。

傍晚的時候，客人到了，而我打了個招呼後，就繼續回廚房裡忙，中菜很多就是需要熱熱地上桌。於是，他們一群人圍著餐桌大快朵頤，而我在廚房忙得全身油煙，朋友都是會煮飯的人，很知道煮飯的辛苦，紛紛很體貼地告訴我菜已經夠了，要我不要再煮了，趕快上桌一起吃飯，但是

我們家吳先生呢？他就跟大爺一樣，一下子說「這個春捲不錯，還有沒有？再炸一盤來」，一下子說「蹄膀還有嗎？再熱一下端出來」，只差沒有指使我添飯！最後大家統統吃飽了，吳先生才像大夢初醒般地突然想到了我，問我怎麼沒吃，而我能說什麼呢？在廚房忙得滿身大汗，哪裡還有食欲？只好幽幽地告訴他「我吃了，我吃了」……

要說吳先生很不會看臉色嗎？其實白目王子這幾年進步非常多，有時候他的確很大而化之，但也是越來越會看臉色。當客人回家後，我累癱在沙發上連動都不想動，吳先生立刻語氣大變，跑到我身後說：「妳是不是很累？要不要我幫妳按摩？」

哼！我偷偷在心裡翻著白眼，卻也覺得好笑。夫妻相處久了，珍貴的就是默契。他知道我給他做面子，也明白疲累時我需要的是呵護。

真想按摩，外面專業按摩師當然做得更好，但表示貼心是一份心意，你前一步，我退一步，有點像是在跳舞，或者是打網球那樣，一來一往，這局才打得下去。

所以，我也笑著跟他說，「是啊，我真的好累，趕快給我敲背。」

他用自己的方式表達他的感謝，就像，我知道他不是真的想當「大爺」。夫妻之間的心照不宣也是一種藝術。

結婚多年後，我慢慢明白一個很重要的道理，那就是「不可能每件事都要爭輸贏」，因為無論爭贏爭輸，傷的都是兩個人的感情，更何況當兩個人每天相處在一起，不可能每件事情都要講求公平、都要講究道理。

而當妳把「要爭輸贏」的心情放下後，就可以觀察到，每個人背後真正的善意。這種心態也是互相的，夫妻之間的共好，肯定不是只有一個人拚命要做就會成功。

這個道理，在年輕氣盛的時候，是很難體會的，我想不只是太太，先生或許也是吧！

我有位朋友 Elisa 住在美國，最近小孩長大了，試著想經營 Instagram，重拾事業第二春，起步也做得不錯，短短時

間就破萬追蹤，持續發展。因為經常要拍照和拍影片的關係，除了筆電之外，還需要一台很好的電腦，才有辦法處理檔案很大的圖像，但她對 3C 產品一竅不通，只好請她在矽谷工作的先生幫他組了一台電腦。

這原本只是一件小事，可是她先生總是在同事來家裡聚會時當面嘲笑她，一下笑她「不知道在做什麼大事業，電腦組到跟別人拍電影用的一樣，一台十幾萬」，一下又笑她「什麼都要用最好的」。

弄得我朋友非常生氣，覺得這種貶低笑話一點都不好笑，十分不尊重女性，甚至讓她從這個白目笑話延伸出許多委屈，她在決定辭掉工作帶孩子之前，也是有一片天，如今孩子大了想要重新出發，為何這麼不被當回事？

之前這種不愉快，有時睡醒先生出去上班，就沒事了，可防疫期間待在家裡的時間變長了，就容易不順眼。有天她看到先生跟同事一邊喝啤酒一邊視訊會議時，又在講那「我老婆跟她的電腦」的笑話時，她氣得受不了，直接跟對方攤牌。

先生才驚覺，原來 Elisa 這麼在意這些無心的玩笑話，她先生也解釋了，有時候同事會虧他太太是網紅，他也只是給自己找個台階下而已。

Elisa 是聰明人，雖然會演些小劇場，但聽到先生誠實跟她說明時，當下接受了，但她還是把界線畫出來。告訴先生，她不希望先生為了「面子」，去傷害她的自尊心，造成夫妻之間的不愉快。

裝大爺跟不尊重女性是兩回事，夫妻之間要長久相處，彼此的認知要溝通清楚。有時候，生活就是輪流讓對方當主角，今天他當大爺，明天也可以換妳當公主，角色的對調是一種智慧，但不要傷害到對方的自尊心。

雖然我慢慢發現，當男人用那種看似嘲笑的態度在說自己的太太時，有時並不是真的不尊重妳、把妳當笨蛋，只是像個不服輸的小男孩，嘴巴上就是不肯饒人、不喜歡被朋友笑而已。

朝夕相處的我們，要懂得分辨，究竟是真的吃了虧，還是

只是言語上的虧，前者當然要據理力爭，但後者則不妨放鬆一點。當然，有時候還是要給先生一點顏色瞧瞧，要讓他知道讓他當大爺是妳的溫柔，是妳愛他的展現。

　　到我這年紀明白，人生很長，把對方當隊友，有攻有守地看待，這樣酸甜苦辣的滋味才會豐富，那麼，一同編織的人生，打造出來的家，才會更精彩。

夫妻諜對諜

母親節那天，先生送了我一張卡片。

是一張設計得非常精美漂亮的卡片，封面的右上角，是我和吳先生的合照，左下角則是我和兩個女兒的合照，中間印著「Best Mom in the world」，卡片打開來，裡面是用很多照片拼出來的一個倒著的愛心。

吳先生說：「妳怎麼沒有問愛心為什麼是倒過來的呢？」

我看著他很像小學生教作業後等著老師誇獎的表情，覺得又好笑又可愛，立刻很配合地問：「為什麼呢？」然後女兒咚咚咚地跑過來揭曉答案：「爸爸說，因為心倒了，愛就到了！」

聽起來整個過程既溫馨又浪漫對不對？不過可別忘了我和吳先生已經結婚十幾年了，我怎麼會不了解他本質上是個既不浪漫、又大而化之的人呢？我幾乎可以想像他在公司裡

那種指點江山的表情，指揮公司裡的設計師幫忙設計卡片，
寧可繞這麼一大圈，也不肯買現成的。是因為對於不浪漫
的他而言，要他在卡片裡面寫些甜言蜜語實在是太困難了，
至於派女兒來揭曉答案，更是因為他知道無論女兒說什麼，
我都會很開心！同樣的，十多年的夫妻，他也很了解我，
知道在這些特殊的節日，他一定要好好表現，如此一來，
他親愛的老婆——我，才能在接下來的日子裡繼續閉嘴、
放空、微笑！

可是即使是這樣「諜對諜」，我還是表現感動萬分的樣子，
對吳先生甜甜地說「謝謝」，因為夫妻之間，無論結婚多久，
就是需要這種小花招。

事實上，維持夫妻感情是一門好大的學問，談戀愛的時候
大家蜜裡調油，即使是再不浪漫的人，也知道節日時起碼
要一起到漂亮的餐廳吃頓晚餐。可是結婚後，慢慢地我們
都會怠惰，怠惰的原因不是因為不愛對方了，而是當兩個
人生活在一起、一起維持一個家時，會越來越像是家人而
不是戀人。每天你們討論的，是孩子的事情、是家裡冷氣
壞了要換新、是公公婆婆的身體好不好，他是家裡的一分

子、是孩子的爸爸，可是慢慢地，妳卻會忘記，他還是一個男人，而妳是一個女人。

一旦失去了男女之間的異性相吸，對婚姻而言，是很危險的一件事。

我有個朋友 Judy 的先生最近出軌了，而且非常堅持要離婚，讓大家都驚訝得不得了，因為 Judy 的先生是非常老實木訥的那種人，不菸不酒、也不愛應酬，對家庭和孩子也都很負責任，完全難以想像他會突然瘋狂愛上別的女人，為了跟對方在一起，幾乎不顧一切，誰勸都不聽，反差之大，讓 Judy 的婆婆幾乎崩潰，覺得自己的乖兒子是不是被什麼看不見的東西衝撞了，還是迷惑了，每天求神問卜到處拜拜。

雖然是有點迷信，可是我也不是不能體會老人家的感受。因為男生外遇的對象，年紀甚至比 Judy 還大了幾歲，更別提 Judy 雖然生了三個孩子，但還是保養得很好，是可以穿比基尼拍照的好身材，若是光論外表，Judy 絕對贏過她先生的外遇對象。

可是我卻想起了半年多前和 Judy 全家一起聚餐的情形。那天在餐廳，Judy 忙著照顧孩子，幫三個孩子剝了滿滿一盤的蝦子，可就是沒有她先生的份，而當服務生端熱湯上來時，他先生也只記得提醒孩子要小心，卻沒有顧到老婆。

當兩個人結婚久了以後，那些甜蜜的行為都會慢慢變得好像很沒有必要，我們很容易覺得先生要吃蝦難道不會自己剝嗎？而先生也想當然爾地覺得，妳是一個成熟的大人，自己會照顧自己，不過是上個熱湯而已，根本不需要他的保護，慢慢地，夫妻之間就漸漸失去了男女之間的吸引力。

我的意思不是說女人應該幫男人剝蝦。而是結婚久了，我們是不是會慢慢開始忘記對先生「放電」呢？放電不是指故意裝嫵媚或穿著性感睡衣勾引對方，而是在對方面前展現自己的女性特質。還記得談戀愛的時候，有些女孩幫男孩剝蝦，想展現自己賢慧的一面，也有些女孩會撒嬌地要男人幫自己剝蝦，無論是賢慧、撒嬌，或者裝可愛，當我們刻意在男人面前展現自己的女性特質時，不就是在放電嗎？

夫妻之間的愛是由感情和激情組合而成的，感情是家人的部分，我們互相扶持、互相照顧，而激情的部分，就是男女之間的荷爾蒙張力。我們即使是家人，是一輩子的伴侶，我們也要提醒自己，還是要記得當年熱戀的我們，在生活中跟愛情中，盡量達到一點平衡。

　　所以請記得，有時候要在先生面前，刻意展現一下自己的女性特質，把難開的罐頭遞給他開、不會組裝的家電請他組裝，當他完成後，記得誇張地幫他拍拍手、誇他「你好棒」，不要覺得這很假，因為當妳願意為對方這樣做的時候，妳維繫夫妻感情的決心是比什麼都真心的。

在婚姻裡的樣子

2020 年新冠疫情來勢洶洶，一夜之間，這世界變了。我們以往的生活模式都被打亂了。住在一個屋簷下的人，距離被迫拉近，以往我們還有各自的生活空間，公司、學校、出差……很多時候生活遇到小摩擦都還有一點距離可以緩衝，讓彼此調適。

可這下子，一家子二十四小時，天天黏在一起，所有事都被放大檢視。坦白說，沒有任何出口的家庭生活，有時是讓人很疲累的，再加上每天的新聞更讓人感到非常的焦慮。

這是很多人情緒都跌到谷底的一年。不僅是身體的疲累、是心累。畢竟是沒完沒了的重複，做到後來，大多數的女人都會開始不耐煩，忍不住叨叨念念甚至發脾氣，而我也是一樣的，後來吳先生就忍不住問我：「妳何必把自己搞到這麼累？」

其實我知道他是好意，他的意思是，我可以不用事事親力

親為，偶爾叫叫外賣也沒關係、地板髒了不馬上擦也無所謂，可即使知道他是好意，當下我還是大大翻了個白眼，心裡想著為什麼男人總是能說出這種風涼話呢？現在是防疫大作戰時間，大家皮要繃得很緊！

身為一個媽媽，再忙再累，只要可以，都希望能把家人照顧得無微不至、平平安安，早日遠離疫情危機，在這種情況下，怎麼可能放鬆。

我想，這就是婚姻最真實的一面吧！即使妳知道對方是個好人、出於好意，但你們就是不可能永遠都在同一條線上，很多時候，妳想的跟他想的就是不一樣，在這種時候，我們都會忍不住回想起戀愛時的甜蜜，那時候總覺得彼此心靈相通，妳想什麼對方都懂，就算不懂他也會努力去理解，可是為什麼婚後心靈相通的感覺變少了呢？

坦白說我也是過來人，雖然會不時提醒大家婚姻中要培養戀愛的感覺，很重要。不過事情一多，我自己也會忽略。並不是說彼此沒有交流，而是大家談的多半是孩子的事情、父母的事情，以及各種生活瑣事。

原先我以為這就是結婚久了免不了的變化吧？不過某次我們飯後出門散步，慢慢在月光下走著走著，也沒刻意做什麼，但這種放鬆跟悠閒的感覺，讓我彷彿又找回當年，兩人獨處的樂趣，邊走邊看著他臉上淡淡的微笑，我相信他也有類似的感覺。

在感情裡，我們經常埋怨對方變了，可是有時仔細回想，先變的真的是對方嗎？就像那部發人深省的電影《婚姻故事》（*Marriage Story*），表面上看起來，是丈夫變了心，出軌背叛了婚姻，但若是看得更仔細的話，會發現在婚前，太太是很崇拜先生、很愛先生，甚至愛到失去自己。

戀愛時，很多女生都是願意改變自己去配合對方，可是結婚後，一方面是許多瑣事讓我們失去了原本的耐心、另一方面也是隨著年紀逐漸變大，自我意識也跟著越來越強大，所以會開始不再像婚前那樣，事事以丈夫的意願為主了。

當然，隨著年紀變化、及生活狀態的種種變化，人都會變，我們很難都永遠維持在戀愛時的自己，可就像結婚時我們互相承諾過的那樣，無論發生什麼事，都願意互相扶持，

也應該懂得在人生不同的階段，找到不同的相處方法。

我知道這樣很難，所以人們總說「相愛容易，相處難」。

最近我有位朋友的父母慶祝金婚紀念，她決定送兩位年過七十的爸媽一起去拍了紀念照，還準備了個小蛋糕。

在吹蠟燭時，她的父母雖然都有點害羞、不斷說著自己已經老了、這些花招是年輕人才在做的，可其實父母都笑得很開心。當時我在兩老的眼神裡看到，他們彼此之間給對方的不只是愛意，更多的是包容、接納、尊重、感謝。

我想這就是執子之手、與子偕老的意思吧！一個家就是要靠著嘻嘻哈哈，偶爾吵吵鬧鬧，起起伏伏，互相成長，互相陪伴，互相愛護……才精彩。

十幾年過去，我對愛，漸漸有了不同理解，在浪漫激情之後，婚姻裡的愛情，代表著原諒、理解、包容與寬恕。因為我們也不是完美的，而另一半，不也是這樣愛著我們嗎？

後　　記

現在的妳⋯⋯在哪裡？

一年過去了，在寫這本書的過程裡，我開始了不少新的冒險，錄 podcast、主持節目。也遇到了不少生活的轉變。在四十歲的狀態裡，從廚藝一竅不通，到迷上料理，還會自己擀麵做包子、蔥油餅，連西式點心麵包，都能露個兩手。

這樣的轉變，我想是二十歲的我，始料未及的。

現在驚覺自己的樣貌，跟小時候想得不一樣，小的時候肯定沒想到，如今我會喜歡逛展、看藝術品、收集餐盤；也想不到因為疫情的關係，無法飛回美國探望家人的我，有時會視訊問媽媽那道我最懷念的料理，該怎麼做，讓她一步步地隔空指導。

女人的一生中，從當女孩開始，就有著不同的轉變。前幾天女兒在跟長輩吃飯的桌上，突然耍了頓小任性，當時我有點生

氣，但又很訝異。小女孩怎麼長大了，她開始會有一些自己也不知道怎麼了的小情緒，開始面對成長的困擾。

也反思，對，我們總是在每隔幾年，就會有新的挑戰、新的不同。年輕時，奮力往前，充滿熱能；而到了三十歲、四十歲，當父母漸漸老去，孩子漸漸成熟，工作上，已經變成人人口中的「姐」時，常常會突然迷惘，現在的我，究竟在哪裡，現在的我，是自己從前想要、喜歡的樣子嗎？

我不能說隨時都很喜歡、隨時都是自己想要的樣子。但我很確定的是未來，我還是會看到很多，自己意想不到的樣貌。

有一天姊姊跟我講，「媽咪，我看到很多妳以前、我們還是小時候的影片跟照片……妳感覺完全不一樣了。」

她話一出口，我完全 catch 到她的意思。我的不一樣，不是外表的老或年輕、頭髮的長或短不一樣。我的「不一樣」，是眼神、是感覺……是歲月。

在拍攝本書封面時，攝影師正哥說，我的眼神不太一樣了，更篤定、也更放鬆一些，以往在拍攝時，只要旁邊有工作人員在讚美或想調整時，我總會突然緊繃起來，或者反而一聽到讚美雖然笑著說謝謝，但眼神會有些閃爍不確定，怕做不好。

但現在，讚美時我的表情會笑得更開心、更放鬆；說要調整時，往往甩甩頭，擺擺衣袖，又可以達成大家想要的目標。

聽到正哥那樣說我很開心，我想，那就是經歷給我的禮物。因為我比二十歲的我，更了解自己，也比三十歲的自己，更懂得

接受自己。到了四十歲，我更能體會，人生的目標不是一味的努力，而是要放慢腳步，去細細品味那些生活的累積，畢竟，現在的我，是那些片刻造就的自己。

現在的妳……在哪裡……
現在的妳……喜歡自己嗎？

讓我們一起當個順勢的人，去隨著時光的波流走。

以不傷害自己、不要違背自己的良心，去接納，包容，理解，生活的人事物。

去寬恕妳曾經不喜歡的，因為寬恕是給自己最好的禮物。
而時間是上蒼，給我們最好的祝福。

歲月是真的會流失，流失的歲月，我們要擁抱、要感謝。

我希望無論現在的妳不管在哪裡，妳都可以相信，妳能成為更
自在的自己。

Love 001

現在的妳　在哪裡？

作　　　者	Melody（殷悅）
經 紀 公 司	新視麗娛樂創作有限公司
協 力 編 輯	楊逸芳
裝 幀 設 計	犬良品牌設計
校　　　對	李映青、林芝、范雨薇
攝　　　影	陳忠正攝影工作室
化　　　妝	Emily
造　　　型	Ian
髮　　　型	Pauline
媒 體 公 關	杜佳玲、杜佳慧
執 行 企 劃	吳宜臻
總 編 輯	賀郁文

出 版 發 行	重版文化整合事業股份有限公司
臉 書 專 頁	www.facebook.com/readdpublishing
連 絡 信 箱	service@readdpublishing.com

總 經 銷	聯合發行股份有限公司
地　　　址	新北市新店區寶橋路 235 巷 6 弄 6 號 2 樓
電　　　話	(02)2917-8022
傳　　　真	(02)2915-6275

法 律 顧 問	李柏洋
印　　　製	凱林彩印股份有限公司
裝　　　訂	智盛裝訂股份有限公司

一版 1 刷	2021 年 03 月　一版 7 刷 2022 年 01 月
定　　　價	新台幣 360 元